MÉTODOS DE ENSEÑANZA

Luisa Jeter de Walker

EDITORIAL

Vida

DEDICADOS A LA EXCELENCIA

La misión de Editorial Vida es proporcionar los recursos necesarios a fin de alcanzar a las personas para Jesucristo y ayudarlas a crecer en su fe.

ISBN 0-8297-1842-7

Categoría: Educación cristiana / Escuela Dominical

Edición revisada y ampliada
© 1996 EDITORIAL VIDA
Deerfield, Florida 33442-8134

Arte de las secciones por Anette Karlsson

Cubierta diseñada por Ana Bowen

Printed in the United States of America

98 99 00 01 02 03 * 9 8 7 6 5 4

ÍNDICE

PREFACIO

Cuando me inicié en el campo de la enseñanza, esta obra de la hermana Luisa de Walker fue mi primer maestro. Y el primer cursillo de preparación para maestros que organicé lo hice siguiendo las pautas presentadas por ella en este libro.

Han pasado muchos años y Dios me ha llevado por distintos caminos en su obra. Habiendo dedicado los últimos siete años a preparar el material de enseñanza "Vida Nueva" para las escuelas dominicales, vi la urgente necesidad de revisar y ampliar esta magnífica herramienta de enseñanza.

A pedido de maestros de diferentes lugares y con el consentimiento de la muy apreciada autora, me he entregado a la tarea. Espero que por muchos años más, *Métodos de Enseñanza* siga bendiciendo a los maestros que incansablemente enseñan la Palabra de Verdad a las preciosas joyas del Señor.

Este libro es un texto de preparación para maestros de la Escuela Dominical. Es ideal para usar en talleres y cursillos; pero también sirve muy bien para el estudio personal. ¡Estúdielo, atesórelo y compártalo!

Kerstin Anderas de Lundquist
Redactora de materiales pedagógicos

I

El maestro y el alumno

[Dios] mismo constituyó a unos . . . maestros,
a fin de perfeccionar a los santos.
Efesios 4:11-12

Capítulo 1

EL MAESTRO

El maestro es la figura clave en toda enseñanza. Este consciente de ello o no, siempre imparte a sus alumnos algo de su propio espíritu, es decir, su actitud hacia las verdades sublimes que está enseñando. Si pone la voluntad de Dios ante todas las cosas, o si prefiere agradarse a sí mismo, lo hará notar en su enseñanza.

El maestro debe ser salvo y lleno del Espíritu Santo; debe estar consagrado al Señor y mostrar un espíritu gozoso. Un rostro agrio es muy mala propaganda para la vida más abundante de la cual hablamos.

El maestro debe amar a sus alumnos, orar por ellos a diario, en forma conjunta e individualmente, y tener fe en ellos. Si usted como maestro no tiene fe en sus alumnos le será imposible ganar su confianza y ayudarles. Quien no tiene fe en la conversión de los niños no debe enseñarles y, de ese modo, contagiarlos con sus dudas.

El maestro debe ser compasivo, paciente y perseverante. Hay que tratar a los alumnos revoltosos con firmeza pero siempre con amor. Cultive la amistad de los cabecillas; pida que ellos le ayuden a mantener buen orden en el aula. Si hallan amor y aprecio por sus buenas cualidades no se sentirán obligados a hacer travesuras para llamar la atención de los demás.

"Es necesaria la paciencia . . ." *(Hebreos 10:36)*. ¿Quien sabe si aquel jovencito arrogante, insolente e indisciplinado será un Saulo de quien Dios quiere hacer un Pablo? Recuerde que en un momento de impaciencia podemos destruir todo nuestro trabajo de muchos años, y el de otros, perder a un alumno de la Escuela Dominical, una vida del servicio del Señor y un alma de la gloria eterna.

El maestro debe ser activo y entusiasta y estar alerta. No crea que tiene que usar de una vez todas las sugerencias que le daremos en este libro. Esperamos que, como un libro de recetas de cocina, le ayude a variar y mejorar el menú, sin que tenga que preparar a la vez todas las recetas dadas en él.

Para ilustrar esta lección, prepare cuatro corazones de cartulina forrados con franela para que se adhieran al franelógrafo. Los corazones deben colocarse con las puntas hacia el centro para que formen una flor. Haga el tallo de la flor de cartulina verde y escriba allí CONOCER. En los cuatro corazones, pegue las siguientes figuras:

1. Cristo
2. Una Biblia
3. Alumnos de distintas edades
4. Un maestro que enseña con ayudas visuales

El cuadro completo debe quedar como la siguiente ilustración:

Ninguna buena madre de familia daría carne a un niñito recién nacido, ni le ofrecería el biberón al padre de familia. Sin embargo, muchos maestros de la Escuela Dominical han sido culpables de un error semejante en la distribución de los alimentos espirituales, por no saber adaptar la enseñanza a las necesidades y a los conocimientos de los alumnos. A fin de emplear los mejores métodos para los alumnos de cada edad se debe conocer ciertos principios fundamentales que rigen la enseñanza. *(Coloque en el franelógrafo el tallo de la flor: CONOCER.)*

¿QUÉ ES LA ENSEÑANZA?

Enseñar es impartir conocimientos. Eso parece muy sencillo. Se trata aparentemente de que el maestro presente a los alumnos los conocimientos que él tiene de la lección. No obstante, el impartir conocimientos equivale a alimentar a otra persona. No basta con que se le ofrezca un plato muy sabroso; es necesario que el que lo recibe lo coma para que se alimente. Al alumno se le puede presentar una lección bien preparada; pero a menos que coopere mentalmente y aprenda, no se le ha enseñado. No puede haber enseñanza sin aprendizaje. ¿Enseña usted a sus alumnos o meramente les habla?

Otra definición de la enseñanza es la siguiente: "Despertar la mente del alumno para recibir y retener una verdad."

¿Cómo se puede conseguir esta cooperación? ¿Cómo se le puede abrir el apetito por el pan de vida? ¿Cómo despertar su interés por las grandes verdades bíblicas que le pueden hacer sabio para la salvación? ¡Ese es el problema y la tarea del maestro!

¿POR QUÉ ENSEÑO?

El maestro y la persona que aspira serlo debe hacerse estas preguntas:

➤ ¿Qué motivo me impulsa?

➤ ¿Enseño meramente porque hacen falta maestros y los dirigentes me han nombrado para enseñar una clase?

➤ ¿Enseño sólo porque es una obligación que tengo que cumplir?

➤ ¿Enseño porque amo fervientemente al Señor y quiero servirle, y porque arde en mi alma el mandamiento: "Id, y haced discípulos . . . enseñándoles" *(Mateo 28:19-20)*?

➤ ¿Enseño porque siento verdadera pasión por las almas que se pierden y quiero hacer todo lo posible por salvarlas?

El motivo que inspira al maestro afecta su actitud hacia la clase, su preparación y presentación de la lección, su fidelidad al cargo que tiene y el éxito que puede esperar: es decir, resultados tangibles de su enseñanza.

¿CUÁL ES MI PROPÓSITO?

La Escuela Dominical que carece de propósito es impotente, porque la enseñanza sin propósito no logra resultados. Los propósitos de la Escuela Dominical son tres. El maestro que los tiene presentes y dirige todos sus esfuerzos para lograrlos verá resultados de su labor.

Ganar almas para Cristo

No para sí mismo, ni meramente para la iglesia, sino para Cristo. Ningún maestro debe estar satisfecho mientras no haya logrado la conversión de los alumnos de su clase. Debe orar y trabajar para ese fin.

Desarrollar la vida espiritual de los alumnos

Tienen que ser edificados en la fe del Señor. ¿De qué sirve ganarlos si no son fortalecidos para resistir la tentación y ser fieles hasta el fin?

Preparar a los alumnos para la obra del Señor

Es esencial que a todo cristiano se le enseñe a reconocer su deber y a hacer su parte en la obra del Señor. Sólo así la iglesia podrá cumplir su tarea de evangelizar al mundo.

Se puede notar que estos fines son espirituales, y tienen que ser logrados por medios espirituales. *(Coloque en el franelógrafo el pétalo superior de la flor, o sea, el corazón con la figura de Cristo.)* Para esto, el maestro tiene que conocer a Dios de una manera muy real. Sin la consagración personal del maestro, la comunión con Dios y su dirección, será imposible lograr estos propósitos.

¿QUÉ ENSEÑARÉ?

Enseñe usted la Biblia; pero sepa que no se puede impartir a otros lo que no se tiene. Para impartir conocimientos de Dios y de su Palabra, es absolutamente necesario que se conozca a Dios y la Biblia. *(Coloque en el franelógrafo el corazón con la figura de la Biblia.)* Se debe estudiar sus doctrinas, la historia y la geografía bíblica, y las costumbres de los tiempos bíblicos. El estudio de buenos libros es de gran ayuda; pero nada podrá sustituir la lectura diaria de la Biblia, tanto para el bien espiritual del maestro, como para conocer bien lo que va a enseñar. Es buena práctica leer la Biblia de tapa a tapa cada año, lo cual se puede hacer leyendo un poco más de tres capítulos al día.

❑ Así que la fe es por el oír, y el oír, por la palabra de Dios.

Romanos 10:17

❑ Enseñándoles que guarden todas las cosas que os he mandado.

Mateo 28:20

¿A QUIÉN ENSEÑARÉ?

Esta pregunta es muy importante, ya que un maestro que puede enseñar muy bien a los niñitos no puede enseñar a los adultos, y viceversa. *(Coloque en el franelógrafo el corazón con la figura de alumnos de varias edades.)*

Para poder enseñar bien, el maestro tiene que conocer a sus alumnos, sus características y lo que les interesa. Un estudio de las distintas edades, visitas a las varias clases, y un poco de práctica, le ayudarán al maestro a saber dónde puede servir mejor al Señor. Si siente una simpatía especial por cierto grupo es probable que alcanzará su mayor éxito trabajando con alumnos de esa edad. Sin embargo, uno puede ser llamado en cualquier momento para enseñar a otro grupo que el acostumbrado, o para enseñar a todos en una Escuela Dominical donde no hay división de clases por edades. Por lo tanto, el maestro debe prepararse para poder enseñar a alumnos de cualquier edad.

No olvide la importancia de la división de la Escuela Dominical según la edad de los alumnos, para poder darle a cada uno lo que necesita. Una Escuela Dominical de una sola clase es mejor que nada; pero siempre que sea posible se debe tener a lo menos una clase de niños hasta los doce años, y otra de jóvenes y adultos.

Hay adultos que han visitado una Escuela Dominical y al ver que casi toda la enseñanza se dirigía a los niños han llegado a la conclusión que el evangelio es para los niños. Han dejado de asistir y después ha sido casi imposible hacerles ver su necesidad de Dios y su Palabra.

La Escuela Dominical tiene la responsabilidad de llevar el evangelio a todas las edades, y tiene que tomar las medidas necesarias para incluir a todos en su programa de enseñanza. Es bueno tener presente el encargo de Dios a los israelitas:

> ❏ Harás congregar el pueblo, varones y mujeres y niños, y tus extranjeros que estuvieran en tus ciudades, para que oigan y aprendan, y teman a Jehová vuestro Dios, y cuiden de cumplir todas las palabras de esta ley.
>
> *Deuteronomio 31:12*

La división por edades de la Escuela Dominical es flexible y depende de las condiciones locales, del número de maestros y del número de alumnos. Entre los niños, cuando las clases son pequeñas, siempre se puede dar mejor enseñanza y la atención individual que cada alumno necesita. Por lo mismo, se recomienda que cuando el promedio de asistencia de una clase de niños sea de doce o más, se divida en dos. Eso no sólo mejora la enseñanza sino que, por lo general, da como resultado un aumento de la asistencia.

Si no hay suficientes maestros o lugares apropiados para dividir la clase, nómbrese un ayudante para cada clase, para que ayude a conservar buen orden y disciplina, y para que vaya observando y adiestrándose para ser maestro.

¿CÓMO DEBO ENSEÑAR?

(Coloque en el franelógrafo el corazón con la figura del maestro que enseña con ayudas visuales.) Para saber cómo enseñar debemos tener una idea de cómo aprende una persona. Los cinco sentidos son las cinco puertas por las cuales el conocimiento llega a la mente. Aunque el maestro conozca a Dios, la Biblia y los alumnos, no logrará éxito a menos que sepa enseñar. Tiene que conocer distintos métodos de enseñanza y cómo emplearlos.

Si el enseñar es despertar la mente del alumno para recibir y retener una verdad, debemos notar cuáles son los sentidos que reciben y retienen mejor los conocimientos.

El oído

Apelamos al sentido del oído mediante el discurso, la narración, las preguntas y respuestas, y las explicaciones necesarias en los demás métodos. Se recuerda el diez por ciento de lo que se oye.

La vista

Apelamos al sentido de la vista por diversos medios, tales como: cuadros, dibujos en la pizarra, lecciones objetivas, figuras en franela, mapas, diagramas, mesa de arena, y otros. Se recuerda el cincuenta por ciento de lo que se ve. El ojo es más eficiente que el oído; pero necesita la ayuda del oído para interpretar lo que ve.

El tacto

Los niños pequeños aprenden mucho por medio del tacto. Si ampliamos el sentido de la palabra a fin de incluir en su significado "lo que uno hace", podemos decir que es uno de los medios más importantes de la enseñanza. Lo que se hace se graba más en la mente que lo que se oye o lo que se ve. Se recuerda el ochenta por ciento de lo que se hace.

Apelamos a este sentido mediante trabajos manuales relacionados con la lección, participación en el desarrollo de las lecciones objetivas, dramatizaciones, ademanes, repaso de la lección con las figuras para ilustrarla, ejercicios bíblicos, y mucho más.

El olfato

En la Escuela Dominical casi nunca consideramos el olfato como medio de recibir enseñanza; no obstante, el olfato le predispone a uno inconscientemente a rechazar la enseñanza que se imparte en ciertos lugares. Por eso, es muy importante la buena ventilación del aula, el aseo personal del maestro y de los alumnos, y el cuidado de los servicios higiénicos de la iglesia. Hay capítulos enteros del Antiguo Testamento que muestran la importancia de la limpieza a la vista de Dios. Los alumnos que aprenden a asearse por respeto a la casa de Dios tendrán mejor concepto de la santidad del Señor.

No debe pasarse por alto la influencia del olfato cuando se piensa abrir una nueva Escuela Dominical. No debe instalarse la escuela cerca de un matadero o una fábrica de cola o de cigarros si se puede conseguir un mejor lugar.

Los labios

El gusto es otro sentido que casi nunca se emplea en la Escuela Dominical; pero bien podría usarse en las clases infantiles para grabar en la memoria ciertas lecciones, como la del maná en el desierto, la multiplicación de los panes y los peces, el agua que brotó de la peña, y otras. El comer un bocado de pan o beber un sorbo de agua después de la explicación les ayudará a los alumnos a apreciar los alimentos que Dios nos da, y el don del agua.

Pero aunque el sentido del gusto no se usa mucho en la enseñanza de verdades espirituales, la boca del alumno sí se debe emplear para el aprendizaje. Lo que el alumno habla tiene para él más importancia que lo que dicen los demás. El alumno emplea la boca en la recitación de las lecciones, en preguntas y respuestas, al hacer comentarios, en temas que desarrolla, en trabajos de memorización, en lecturas y en intercambios de ideas. Se recuerda el noventa por ciento de lo que se habla.

La tarea del maestro es presentar la lección de la manera más eficaz, para que quede grabada en el alma y logre resultados de valor eterno. Para eso, siempre que sea posible, procure que los alumnos usen el oído, la vista, el tacto y la boca para la percepción de la verdad que usted quiere enseñarles.

Por ejemplo, el maestro les está enseñando a los párvulos acerca de la creación. Ya les ha relatado la historia con figuras para ilustrarla y les pide que nombren algunas cosas que Dios ha hecho. Ya han oído la lección, han hablado de ella y han visto las figuras que la ilustran. Luego les muestra unas flores, les deja tomarlas en las manos y aspirar su perfume, y, si hay suficientes, le regala una a cada niño mientras le dice: "Dios ha hecho estas flores bonitas porque los ama a cada uno. Él quería hacer algo bonito para cada uno de ustedes." Luego, parte una fruta y la distribuye entre los alumnos, diciendo: "Dios hizo las frutas porque les ama y quiere que ustedes tengan cosas sabrosas para comer, y cosas que les harán fuertes y sanos." ¿Se les olvidará a los alumnos tal lección?

¿CUÁNDO VOY A ENSEÑAR?

Hay algunas iglesias, aunque no sean muy grandes, que tienen más de diez escuelas de barrio, o sea, escuelas dominicales que se celebran en distintos repartos de la ciudad o en los campos rurales que rodean al pueblo. Muchos de esas escuelitas se celebran el domingo por la tarde para que todos los obreros estén en la escuela principal el domingo por la mañana. Otras se celebran el sábado por la tarde, mientras algunos maestros tienen su "Escuela Dominical" en escuelas privadas en días particulares.

Si a usted le gusta enseñar, hallará un sinfín de oportunidades en las escuelas bíblicas vacacionales, los cultos infantiles, una parte del culto evangelístico dedicada a los niños, la liga juvenil, el concilio misionero femenil, cultos al aire libre, cultos de barrio, y muchos otros. En todas esas ocasiones, y en otras más, se da enseñanza bíblica, y se deben emplear los mejores métodos para presentarla. Tanto el día más apropiado, como la hora, dependerán de las condiciones locales.

Más que nada, el maestro enseña siete días a la semana por medio del ejemplo. Lo que hace en los seis días influye más en sus alumnos que lo que dice en el séptimo.

¿DÓNDE VOY A ENSEÑAR?

Nos gustaría enseñar siempre en aulas preciosas de templos hermosos, con todo el equipo que se pueda desear; pero seguimos a un Maestro que enseñaba ya sea en el templo, en las sinagogas, en un barco prestado, a la orilla del mar, junto a un pozo, en la casa de un discípulo, rodeado de una multitud en un monte, en las calles y plazas de la ciudad, y andando por los caminos polvorientos para llevar su mensaje también a "otros pueblos", donde hacía falta la luz del evangelio.

¿Es de extrañar, pues, que existan buenas escuelas dominicales que se reúnen en parques, en portales, en solares, en patios, junto al camino a la sombra de los árboles, en casas particulares de convertidos y de inconversos, en la acera al aire libre, en plazas, en carpas, en escuelas privadas, en la iglesia y en todas las habitaciones de la casa pastoral?

Nunca podremos evangelizar a la gente si esperamos que asista primero a la iglesia. La única manera de pescar es ir primeramente donde se encuentran los peces. Si nos preparamos y estamos dispuestos a enseñar dondequiera que las almas se mueren de hambre espiritual, Dios nos abrirá las puertas para llevarles el pan de vida.

PREGUNTAS Y ACTIVIDADES

1. ¿Qué es la enseñanza?

2. ¿Por qué desea enseñar en la Escuela Dominical?

3. ¿Cuáles son los tres propósitos de la Escuela Dominical?

4. ¿Qué opina con respecto a permitir que una persona de mucho talento y conocimiento bíblico, pero que no se ha entregado al Señor, enseñe en una Escuela Dominical donde hay escasez de maestros? Dé sus razones.

5. ¿Por qué se debe dividir por edades la Escuela Dominical?

6. ¿De qué dependerá la división por edades de la Escuela Dominical?

7. ¿Cuántas clases hay en su Escuela Dominical? Escriba aproximadamente la división de las clases, dando la edad de cada grupo.

8. ¿Cuánto se recuerda de lo que se oye? ¿Cuánto se recuerda de lo que se ve? ¿De lo que se hace? ¿De lo que se habla?

9. Escoja una lección bíblica y diga qué método de enseñanza seguiría a fin de que el alumno emplee la vista, el oído, la boca y el tacto en su aprendizaje?

10. ¿Cuáles son las cuatro cosas que un maestro de la Escuela Dominical tiene que conocer para enseñar con éxito?

11. Prepare en papel o en cartulina la lección ilustrada sugerida en este capítulo. Si no tiene figuras para pegar en los corazones, escriba las palabras *Dios, Biblia, alumno* y *pedagogía* en los pétalos.

12. Mencione algunas oportunidades de enseñar que se le presentan al buen maestro.

13. ¿Dónde enseñaba Jesús?

Capítulo 2

EL ALUMNO

El pescador tiene que conocer las costumbres del pez que va a pescar para saber escoger la carnada y el anzuelo, y para medir el cordel. Para el maestro, como pescador de almas, es de suma importancia conocer a sus alumnos. Hay ciertas características generales que señalan épocas de la vida. El maestro prudente las estudiará y adaptará sus métodos de manera que la enseñanza sea más aceptable y beneficiosa para los alumnos.

LOS PÁRVULOS Y LOS PRINCIPIANTES

De dos a cinco años de edad

Estos dos grupos, muy similares, que muchas veces se enseñan en la misma clase, se estudiarán juntos.

Son muy inquietos. Su crecimiento rápido demanda la actividad. En lugar de regañarlos y tratar de reprimir esa actividad natural, aprovéchela cantando coros con mímicas, marchando, dramatizando la lección, etcétera. La actividad dirigida es uno de los medios más potentes de enseñanza.

Son imitadores. Sea un maestro (o una maestra, porque generalmente las mujeres tienen más éxito con los niñitos de esta edad) digno de imitar en todo. Ponga énfasis en lo bueno de las historias porque los niños imitan lo que más les impresiona, ya sea bueno o malo. Muestre mucha reverencia.

Tienen escaso poder de concentración. Los más pequeños no pueden mantener el interés en una cosa por más de unos tres minutos. Use ayudas visuales para que los niños concentren su interés. Emplee el método narrativo; pero sea breve. Varíe bastante el programa, con momentos de descanso y de actividad intercalados con la presentación de las verdades bíblicas.

Tienen mucha imaginación. Sencillos dibujos en la pizarra les hacen ver los acontecimientos, y en el juego dramático "viven" la lección.

Tienen muy corta memoria. No se la recargue con muchos detalles. Escoja lo más esencial de la historia y trate de relatarla de manera vívida e inolvidable. Enseñe pequeños trozos de textos de memoria en lugar de versículos completos. Más valen tres palabras aprendidas y entendidas que treinta sólo repetidas.

Les gusta la repetición de lo familiar. Algunos pequeños son capaces de pedir diez veces al día que se les cuente la misma historia. Repásense a menudo las historias que ya conocen y los textos aprendidos.

Tienen muy poco vocabulario. Use palabras muy sencillas y frases cortas. Presente casos concretos en lugar de términos generales. Puede decir: "Dios quiere que seamos honrados", y el niño no lo entenderá. Mejor sería explicar: "Cuando vas a la tienda en un mandado, debes entregarle a tu mamá todo el vuelto."

Son muy crédulos. Creen todo lo que se les dice. Es una oportunidad magnífica de dirigirles para que pongan su fe en Dios. Hay que ser sincero y cumplir todas las promesas.

Piensan en sí mismos. Se concentran en "yo", "mí" y "mío". Ahora es el tiempo de enseñarles a pensar en Dios como: *MI Padre celestial que ME, y ME cuida.* Relacione toda la enseñanza con el niño personalmente: *Cristo murió por MÍ, para que YO no fuera al infierno, y ahora ME prepara un hogar en el cielo.*

Necesitan ayuda. Trate con amor a los pequeños, ayudándoles cuando lo necesiten, Enséñeles acerca del cuidado que Dios tiene de ellos.

Son muy impresionables. Enseñe sobre el amor a Dios y a Cristo "su" Salvador. Enseñe acerca del poder de Dios nuestro Hacedor, su odio al pecado, su santidad, su omnisciencia, el don de su amado Hijo, y la necesidad de reverenciar su nombre, su día, su casa, su libro. Mediante una buena enseñanza los pequeñitos pueden ser llevados a aceptar a Cristo como su Salvador.

LOS PRIMARIOS

De seis a ocho años de edad

Características similares a las de los principiantes. En caso de ser necesario, se les puede enseñar juntos a principiantes y primarios; pero es mejor si tienen clases separadas porque los primarios ya pueden concentrar más la atención, aprender más de memoria, tienen mayor capacidad y más vocabulario. Les encanta hacer trabajitos que son demasiado difíciles para los principiantes, y se les puede dar más material de enseñanza.

No piensan tanto en sí mismos como los párvulos y los principiantes. Se le puede enseñar a interesarse por el bien de los demás.

Son muy sensibles. Muéstreles amor y simpatía. El maestro que no ama a los niños no sirve para maestro de los niños.

Son sensibles también al ambiente. Procure que el lugar donde se celebra la clase sea lo más atractivo posible; limpio y adornado con cuadros y flores, si es posible. Ellos mismos pueden traer cuadros y flores para embellecer la casa de Dios.

Tienen mucha curiosidad. Procure aprovechar esa curiosidad para despertar interés en la lección. No les permita ver las ayudas visuales antes de tiempo.

Pueden convertirse. Muchas personas han experimentado la conversión a esta edad y algunas aun más temprano. El maestro debe orar por los alumnos individualmente y prepararlos para que se entreguen al Señor. Enséñeles de memoria los textos fundamentales sobre el pecado, la salvación, el arrepentimiento y la fe, repasándolos a menudo para que no se les olviden. Además, es importante que todos sepan bien cómo pueden ser salvos.

Como maestro, espere la conversión de sus alumnos y tenga fe cuando se entregan al Señor. No crea, como muchos suponen, que los niños no saben lo que hacen o que pronto cambiarán de opinión. Posiblemente, la conversión tendrá para ellos la importancia que el maestro le atribuya en su propio corazón. Personalmente, a la edad de cinco años me entregué al Señor. Yo sabía lo que hacía y fui convertida aquella mañana que acepté a Cristo. Desde entonces, Él me ha guardado. ¡Gracias a Dios por la salvación de los niñitos!

Están formando sus ideales y sus normas para la vida. La actitud que adoptan ahora hacia Dios y hacia su prójimo puede determinar el rumbo de su vida.

LOS INTERMEDIOS

De nueve a once años de edad

Algunos incluyen en este grupo a los niños de doce años de edad. Eso es opcional.

Existe una aversión entre los sexos. Los muchachos consideran que las niñas son unas tontas y que el atormentarlas es de lo más divertido, y éstas miran con desprecio a sus atormentadores. Si es posible, los muchachos deben estar en una clase con un maestro varón, y las niñas en otra clase, con una maestra. Los muchachos harán más caso a lo que les dice un varón.

Es la edad del culto a los héroes. Imitan en todo al que más les impresiona, sea el maestro de la Escuela Dominical o algún bandolero. Les impresiona especialmente el valor, la fuerza y la aventura. El maestro debe ser ejemplo en su vida particular tanto como en el aula. Inspire a sus alumnos con el relato de los héroes y mártires de la Biblia y de la iglesia cristiana.

Tienen memoria excelente. Su capacidad para aprender de memoria verbalmente es mayor ahora que en cualquier otra época de la vida, y lo que aprenden a esta edad lo recordarán mejor que lo aprendido más tarde. Enséñeles pasajes escogidos de la Biblia, himnos y textos que les puedan servir de baluarte espiritual.

Tienen mucha energía física y mental. Permítales participar en la lección, buscando textos, contestando preguntas, y haciendo trabajos relacionados con la lección, tales como mapas y rompecabezas bíblicos.

Es la edad de las pandillas. Procure fomentar el compañerismo entre los alumnos y llévelos de vez en cuando a algún paseo campestre o una actividad semejante, enseñándoles a satisfacer de maneras sanas y buenas el instinto social. Así usted tendrá más oportunidad de ayudarles espiritualmente, porque se constituye en maestro y amigo.

Forman ahora hábitos estables. Hay que ayudarles a formar buenas costumbres, tales como la lectura diaria de la Biblia, la oración, el asistir fielmente a la iglesia, el testificar de su fe, el dar su diezmo, el trabajar por la salvación de otros, y todo lo que constituya el deber de los creyentes.

Se aficionan a la lectura. Hay que estimular la lectura de la Biblia y de buenos libros. Si es posible, se debe tener una biblioteca en la Escuela Dominical.

Son preguntones. Anime a los alumnos a hacer preguntas sobre la lección.

Presentan grandes oportunidades evangelísticas. Los intermedios se han desarrollado mental y espiritualmente hasta darse cuenta bien de lo que es el pecado y el plan de salvación. Es de suma importancia que se haga todo lo posible para lograr la conversión de los intermedios porque la edad que sigue es una de crisis espiritual. La salvación del intermedio y su formación de hábitos cristianos le ayudarán a pasar casi sin sentir los años peligrosos que siguen.

LOS ADOLESCENTES Y LOS JÓVENES

De doce a diecisiete años de edad

Consideraremos juntas las características de estos dos grupos, pues son muy parecidas. Algunos alumnos desarrollan mental, física, social y espiritualmente mucho más rápido que otros, así que no se debe esperar lo mismo de dos alumnos sólo porque sean de la misma edad.

Esta es la edad de torbellino. Es una edad de mucho conflicto emocional; la transición de la niñez a la vida de adultos. El adolescente no es niño ni adulto y no se entiende a sí mismo. Si en alguna época de la vida le hace falta la simpatía, la comprensión y la paciencia de sus padres y de sus maestros, es ahora. Los adolescentes son muy variables pero hay que tratarlos siempre con amabilidad, aunque pongan a prueba la paciencia de todos. Demuestre fe en ellos.

Son independientes. Dios les ha dado este instinto para prepararlos para las responsabilidades del mañana. Resienten el sermonear y no quieren recibir el consejo directo. Hay que guiarlos con tino, procurando que se convenzan por sí mismos de lo que deben y lo que no deben hacer. No hay que ponerlos en la clase de los niñitos ni tratarlos como tales.

Buscan la razón de todo. Ya no aceptan como la verdad todo lo que se les dice; se les presentan muchas dudas. Las dudas no indican necesariamente la incredulidad sino el deseo de saber la razón de las cosas *(1 Pedro 3:15)*. Los estudios sistemáticos de las doctrinas de la Biblia y las pruebas de la veracidad de ella les darán bases firmes para su fe. Este mismo deseo de convencerse por sí mismo a veces lleva al adolescente a "probar nada más" cosas impropias para un cristiano. El regañar sólo le hará más porfiado; pero la oración y el amor sincero pueden lograr mucho bien.

Son entusiastas y tienen instinto social. Hay que darles oportunidad de trabajar en la obra del Señor.

Es época de crisis espiritual. Entre los doce y los diecisiete años de edad el setenta y cinco por ciento de los alumnos varones y el sesenta y cinco por ciento de las alumnas abandonan la Escuela Dominical para nunca regresar.

Si hay cien niños y cien niñas en el departamento de los intermedios, al cabo de cinco años quedan de esos alumnos sólo veinticinco jóvenes y treinta y cinco señoritas. Hay que hacer todo lo posible para contrarrestar esa tendencia fatal. Les ha llegado el momento de escoger si servirán a Dios o al mundo.

La mayoría de las conversiones ocurren en esta edad de crisis espiritual. Después de pasar esta época sin rendirse al Señor se hace cada año más difícil y más improbable que el alumno se convierta. Si el alumno se ha convertido en su niñez es bueno que reafirme su consagración al Señor, entrando cada día más en una vida de comunión y servicio.

Son azotados por tentaciones juveniles de placeres mundanos. En lugar de presentarles una religión negativa que todo lo prohíbe, hay que presentar el evangelio de una manera positiva, guiándolos a ver el gozo verdadero que se experimenta en el servicio del Señor. Los jóvenes que luchan por librar a otros del pecado no caen tan fácilmente en él.

LOS JÓVENES MAYORES

De dieciocho a veinticuatro años de edad

Es flexible la edad para este grupo porque en muchas escuelas dominicales los adolescentes mayores están en la clase de los jóvenes. Es muy importante tener una clase de jóvenes en lugar de juntarlos con los adultos, pues sus problemas y sus intereses son distintos.

Son más estables emocionalmente que los adolescentes. Se les puede confiar cargos de más responsabilidad.

Son altruistas. Más que en ninguna otra época de la vida están listos para hacer cualquier sacrificio por la causa que aman. Hay que darles abundantes oportunidades de servicio cristiano en trabajos de visitación, presentaciones musicales, el evangelismo personal, la responsabilidad de escuelas dominicales de barrio o cultos infantiles, y otras muchas actividades.

Están tomando rumbo. Escogen su carrera y se preparan para ella. Presénteles el llamamiento de Cristo. Manténgase el espíritu misionero en la clase mediante frecuentes informes de distintos campos, peticiones de oración, relatos de la obra misionera y estudios sobre la necesidad en las diferentes esferas de la obra evangélica. Ninguno tiene mejor oportunidad que el maestro de la Escuela Dominical para influir en los jóvenes para que respondan con sincera consagración: "Heme aquí, Señor, envíame a mí."

La razón está plenamente desarrollada. Deben de estudiar más a fondo las doctrinas cristianas, y las profecías y su cumplimiento. Asígneles temas para desarrollar en la presentación de la lección. Deben hacer estudios bíblicos sistemáticos y prepararse para el servicio cristiano.

El amor hacia los del sexo opuesto es natural. Es de desear que formen hogares cristianos. ¡Bienaventurado el maestro que ayuda a sus alumnos a comprender y aceptar el plan de Dios en este paso tan importante, guiándolos a formar altos ideales para quien ha de ser su esposo, o esposa, y a reconocer lo que es de verdadero valor en la vida! De ninguna manera, el maestro se ha de constituir en agente de matrimonio; pero debe precaver a sus alumnos de los amores ciegos y las pasiones impetuosas que con tanta frecuencia resultan en el yugo desigual, acompañado por el fracaso espiritual y, a menudo, seguido por el divorcio o la separación.

LOS ADULTOS

Les interesa mayormente el hogar y los hijos. Hay que enseñarles los deberes cristianos del padre de familia, y la importancia de proveer para el bienestar espiritual de los hijos, tanto como para sus necesidades materiales. El maestro también debe hacerles ver su responsabilidad moral y espiritual hacia su prójimo. Hay que aconsejarles que no se encierren en el pequeño mundo de su hogar, olvidándose de los millones que perecen sin Cristo.

Tienen resistencia. Si el joven tiene más entusiasmo para lanzar nuevos proyectos, el adulto tiene más perseverancia para llevarlos a cabo. Su ayuda en el trabajo con los jóvenes es muy valiosa.

Tienen experiencia. Los jóvenes se pueden beneficiar por la experiencia madura de los adultos en la obra del Señor. No permita que los jóvenes hagan todo el trabajo misionero. Hay bastante trabajo para los adultos también. Anímeles a brindar su casa para escuelas de barrios, y a tomar parte en las muchas actividades evangelísticas que deben realizarse. En la clase de adultos es donde mejor se les puede aclarar sus responsabilidades.

Cuentan con medios propios. El sostén de la iglesia depende mayormente de los adultos. El maestro debe guiarlos a una plena confianza en Dios y asegurarles que Él suplirá sus necesidades, tal como lo ha prometido, si ellos cumplen son sus diezmos. Hay muchos que nunca salen de sus dificultades económicas precisamente porque desobedecen y desconfían de Dios en este punto. Tales puntos pueden tratarse con más éxito en la clase que ante todo el público.

Tienen muchos y distintos problemas. Los problemas de la mujer tienen que ver mayormente con el hogar y la educación de los hijos, y los problemas de los hombres se relacionan con el trabajo y el trato con los compañeros. Se ve que una enseñanza más eficaz puede darse si hay una clase para mujeres y otra para varones. Las lecciones de las virtudes cristianas cobran nuevo significado cuando se explican a la luz de la experiencia. El maestro debe tratar siempre de relacionar la lección con la vida y los problemas diarios de los alumnos, y les puede ayudar grandemente.

Son capaces. Pueden desarrollar temas, hacer bosquejos de la lección, tomar notas, y hasta adaptar la misma lección para un mensaje en algún campo nuevo. Deben estudiar más a fondo que en las edades anteriores. Estimúleles a preparar la lección antes de llegar al aula. No permita que uno o dos monopolicen todo el tiempo con comentarios interminables y acontecimientos muy detallados que se relacionan vagamente con la lección. Procure que todos tomen parte en el desarrollo de la lección y no malgasten el tiempo en detalles de poca importancia.

No se convierten tantos adultos como jóvenes. En muchos casos es porque habiendo oído y rechazado el evangelio en su niñez y su juventud, ya están endurecidos contra la Palabra de Dios. En campos donde no han tenido antes la oportunidad de oír el evangelio, muchos adultos lo aceptan con gozo. Están arraigados en sus vicios y sus pecados, y en lo natural es más difícil que lleven una vida buena; pero el evangelio es poder de Dios para salvación, y si alguno está en Cristo Jesús, nueva criatura es. De todos modos, el inconverso que entra en la clase de la Escuela Dominical probablemente está allí porque siente una necesidad espiritual. Oren todos los de su clase por su conversión, preséntese la aplicación evangelística de la lección, muéstrele amistad y haga trabajo personal con el pecador, y el Espíritu Santo hará su obra en él. Los cristianos deben traer a sus amigos inconversos a la Escuela Dominical, pues muchas veces es más fácil para ellos entregarse al Señor en la clase que en el culto público.

PREGUNTAS Y ACTIVIDADES

1. ¿Por qué debe el maestro estudiar y conocer las características generales de los alumnos a quienes enseña?

2. Mencione los diferentes departamentos sugeridos en que puede dividirse la Escuela Dominical, y la edad de los alumnos en cada departamento.

3. Mencione por lo menos cuatro características de cada grupo, y para cada característica dé una sugerencia para el maestro de la clase. *(Por ejemplo: los párvulos — poco vocabulario — úsense palabras sencillas.)*

4. ¿A qué clase prefiere enseñar usted?

NOTAS

II

El alumno ve

Se recuerda el 50% de lo que se ve.

Capítulo 3

LAS LECCIONES OBJETIVAS

Una lección objetiva es una demostración de objetos materiales para enseñar, ilustrar o dar realce a una verdad espiritual. Esta es una de las formas más antiguas de enseñar. Los sacrificios que simbolizan la muerte del Cordero de Dios, la roca golpeada para darles agua a los israelitas, el tabernáculo con sus muebles, y los ritos ceremoniales, todos eran para enseñar lecciones espirituales. El ministerio de muchos de los profetas estaba lleno de lecciones objetivas.

DISTINTAS LECCIONES OBJETIVAS

El simple objeto natural

La forma más sencilla de la lección objetiva es presentar el objeto natural llamando la atención a sus características y dando su aplicación a lo espiritual. Cristo usó la lección objetiva al señalar los lirios, los campos blancos, a un niño que puso en medio de la gente, las redes, el yugo, y el agua que una mujer estaba sacando del pozo. De la forma más natural Cristo usaba en sus enseñanzas lo que estaba a la vista.

La mayoría de las personas sólo hacen referencia a los objetos para ilustrar la verdad; pero con un poco de esfuerzo podrían en muchos casos presentar el objeto mismo, consiguiendo así mayor interés de parte del oyente y logrando que sea una lección inolvidable. Algunos consideran que eso está por debajo de su dignidad; pero si muchos de los profetas y nuestro Señor Jesucristo usaban con frecuencia este método, posiblemente el seguir su ejemplo sería provechoso en nuestro ministerio.

A continuación siguen algunos ejemplos:

➢ Fruta para ilustrar la lección sobre cómo llevar mucho fruto (*Juan 15:1-8*).

➤ Espejo, lámpara, martillo . . . para ilustrar lo que es la Palabra de Dios *(Santiago 1:23-25; Salmo 119:105).*

➤ Una mazorca de maíz para ilustrar las leyes de la cosecha *(Gálatas 6:7-9).*

Objetos alegóricos

Representamos una cosa con otra. Por ejemplo:

➤ Un corazón de papel con una mancha en el medio representa el pecado.

➤ Se les da significado a los colores y se los usa en el desarrollo de la lección.

➤ Una cruz puede representar la muerte expiatoria de Cristo, o la salvación.

Experimentos con objetos

El realizar experimentos con objetos es un método que encanta a los alumnos de toda edad; se usa con buenos resultados en el culto unido de toda la Escuela Dominical, o en la Escuela Bíblica Vacacional, como también en los cultos evangelísticos. Muchas de las profecías de Ezequiel se presentaron de esta manera *(Ezequiel 5:1-4, 12; 12:3-12).* Una capa nueva rota en doce pedazos *(1 Reyes 11:29-31);* los yugos de Jeremías *(capítulo 27);* y el cinto con que Agabo se amarró para profetizar sobre el encarcelamiento de Pablo *(Hechos 21:10-11),* son otros ejemplos.

A continuación le ofrecemos ideas que usted puede usar:

➤ Con un imán se levanta una aguja, aunque esté enterrada, porque es del mismo material; pero el palito, que es de otro carácter, no responde al llamamiento de la aguja. Sólo los cristianos verdaderos serán arrebatados cuando venga Jesús.

➤ Un hilo negro, fácil de romper, se usa para sujetar las manos de un niño, dándole bastantes vueltas a las muñecas hasta que sea imposible romperlo. Eso ilustra el poder de los hábitos malos. El cortarlo con tijeras muestra cómo Cristo nos libra *(Juan 8:34-36).*

➤ Un palito solo es débil y quebradizo; pero amarrado a un clavo *(con hilo rojo)* es irrompible. No hay fuerza en nosotros pero unidos a Cristo, por su sangre, somos vencedores *(Juan 15:5; Filipenses 4:13).*

VENTAJAS DEL MÉTODO

Es un método muy apropiado porque no requiere talento artístico. Cualquier persona puede usarlo. Se puede usar una variedad infinita en las lecciones, así que se mantiene el interés de los alumnos.

Las lecciones objetivas pueden usarse sin mucho gasto económico y con alumnos de toda edad. Son muy válidas porque siguen el principio pedagógico de hacer uso de lo conocido para enseñar lo desconocido.

REGLAS PARA EL USO

1. *Permita que el niño toque el objeto y tome parte en la demostración cuando sea práctico.* Así recordará mejor la lección. No olvide que el niño pequeño aprende mucho por el tacto.

2. *Evite que sea muy complicada la lección.* En los muchos detalles puede perderse el pensamiento principal.

3. *Evite los trucos.* Todos se ponen a pensar en cómo lo habrá hecho el maestro, lo cual le resta interés al mensaje y a la aplicación. Tal resultado es un fracaso porque nuestro propósito no es entretener sino esclarecer. Deseamos hacer más claras y comprensibles las verdades espirituales. Sin embargo, hay unas buenas lecciones químicas que pueden usarse con mucho provecho.

4. *No permita que los alumnos vean los objetos antes de la presentación de la lección objetiva.* Si los ven, ya no les parecerá tan interesante la clase.

PREGUNTAS Y ACTIVIDADES

1. Mencione tres lecciones objetivas dadas en la Biblia.

2. Mencione tres tipos de lecciones objetivas dando un ejemplo de cada tipo.

3. ¿Qué le diría al maestro o al pastor que considera que el uso de objetos está por debajo de su dignidad?

4. ¿Qué cuatro reglas se deben observar al usar lecciones objetivas?

5. Mencione cuatro ventajas de este método.

6. Prepare una lección objetiva para presentar en forma breve ante la clase.

NOTAS

_____

_____

_____

_____

_____

_____

_____

Capítulo 4

LOS CUADROS
Y OTRAS AYUDAS VISUALES

Hay mucha literatura de la Escuela Dominical que trae cuadros bíblicos, algunos de ellos en colores y muy lindos. Al maestro le corresponde usar sano juicio para aprovecharlos de la mejor manera.

TARJETAS

Hay muchas hermosas tarjetas bíblicas; pero hay un peligro debido a la idolatría que existe en muchos hogares. Repetidas veces se ha visto el caso de que niños de hogares inconversos han llevado tarjetas a su casa y las han colocado en la pared para luego ofrendarles flores y velas como a algún nuevo santo. Como no queremos contribuir a la idolatría, el maestro debe usar con tino las tarjetas.

Sin embargo, las tarjetas pueden usarse en la clase como medio de enseñanza para ilustrar la lección. Las figuras de las tarjetas pueden usarse en varias de las formas de presentación que mencionamos en este capítulo, como también para mapas pictóricos y series de cuadros.

CUADROS BÍBLICOS GRANDES

En algunos lugares se pueden conseguir cuadros bíblicos grandes, que son muy útiles para ilustrar las lecciones. Si no vienen unidos, vale la pena unirlos con un listón de madera y ponerles un cordón para colgarlos. Se pueden enrollar y son muy fáciles de llevar, en la mano o en la maleta, a cualquiera parte.

Los cuadros grandes son de gran ayuda en la clase y también en los cultos al aire libre para atraer a la gente. Se puede usar el reverso de los cuadros para escribir con letra grande las palabras de un himno o un coro que se quiere enseñar.

Hay cuadros grandes del libro "El corazón del hombre". Si no consigue esos cuadros, le sugerimos que los mande a dibujar para usarlos en su obra de evangelización.

Cierto maestro, colocó todos los cuadros en orden cronológico y los unió, uno debajo de otro, y preparó una caja iluminada en la cual mostrarlos. Los dos extremos de los cuadros estaban sujetos a palos redondos, y él tenía una manezuela que manipulaba para cambiar los cuadros.

Los cuadros también son útiles para repasar las lecciones anteriores, y para la Escuela Bíblica Vacacional. Los niños no se cansan de oír o de dar la explicación de los cuadros.

LÁMINAS Y CUADROS SENCILLOS

El maestro puede llevar al aula figuras o láminas recortadas de revistas, periódicos y almanaques para que la enseñanza sea más interesante. Si la lección es acerca de la tentación de Jesús en el desierto, y sus alumnos no conocen un desierto, procure llevar un cuadro o una lámina de un desierto. Si es sobre la pesca milagrosa, y usted está en el interior del país, lleve un cuadro del mar y de botes de pesca. Si la lección es acerca de Isaac y Rebeca, muestre la figura de un camello al explicar que Rebeca hizo el viaje montada en un camello. Así los alumnos aprenden más y la clase resulta más interesante.

Es bueno que recorte de revistas todas las figuras que le parezcan que puedan servir para algo algún día. Si las clasifica y las guarda en sobres grandes o cajas, según su clasificación, será mucho más fácil encontrar lo necesario para ilustrar historias, lecciones y carteles.

Las láminas y los cuadros pueden clasificarse: niños, jóvenes, adultos, animales, plantas, paisajes, cuadros bíblicos, países extranjeros, y otros.

CUADROS EN CARTULINA

El uso de una serie de cuadros, y los cuadros dibujados, se explica en otros capítulos.

ROLLO DE CUADROS

Las distintas escenas de una lección pueden unirse una junto a la otra en su orden correcto. Se pegan sobre una tira larga de papel y los dos extremos se sujetan a palos delgados. Después de enrollarse la tira, se presenta una escena a la vez, como los pergaminos que se usaban antiguamente antes que hubiera libros como los que tenemos ahora.

TELEVISOR O CAJA DE ESCENAS

Se preparan las figuras como el rollo de cuadros; pero sin los palos. Se hacen dos cortes en el fondo de una caja para que entre y salga el papel en que están pegadas las figuras. Se hala el papel de un lado para el otro y se muestra una escena a la vez. La caja sirve de televisor ficticio, algo que les encanta a los niños.

CAJA DE SECRETOS

Este método, como el siguiente, es para dar tres dimensiones al cuadro, o sea, profundidad tanto como anchura y altura. Use una caja para zapatos, u otra caja semejante. El fondo para el cuadro *(una escena interior o exterior)*, se pinta y se pega al interior de la caja en un extremo. En el otro extremo se abre un agujero que sirve de ventanilla. Luego, a las

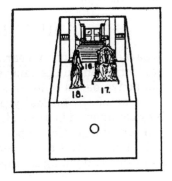

figuras que se usan, se les pega una tirita de cartulina un poco más larga que la figura, dejándola sobresalir en la parte de abajo. Esa punta se dobla hacia atrás y se pega al fondo de la caja en el lugar correcto, manteniendo la figura en posición vertical. Se varía la distancia de las figuras entre los dos extremos. Luego se tapa la caja con papel de seda no transparente pero que deje pasar la luz, pegado con goma los contornos. Y, así, queda lista la caja de secretos.

Después de relatar la lección se les permite a los alumnos ver la caja, uno por uno. Deben mirar con un ojo por la ventanilla y tener la tapa de la caja hacia la luz. Mantenga el aire de misterio que tanto les encanta a los niños, no dejando a nadie decir lo que ve hasta que todos lo hayan visto. Este método es bueno para los niños pequeños.

CASA CAJA

Este método es parecido a la caja de secretos en que las figuras se pegan en una caja de zapatos, u otra semejante. Se pone la caja de costado, sin su tapa, para que sea como una casa de muñecas. Si gusta se puede empapelarla usando un color claro. Las figuras se pegan de la manera descrita para la caja de secretos. Aun una escena exterior puede presentarse así. Con el simple cambio de las figuras la misma caja puede servir repetidas veces.

MESA DE ARENA

Una mesa baja con una baranda, o una caja, con arena adentro, se transforma en una escena verdadera de la lección en la imaginación activa de los niños pequeños. Efectuamos la transformación con árboles *(ramitas)* y peñas *(piedras)*. Se hacen montes, valles y caminos en la arena. Un espejo con las orillas enterradas llega a ser un lago. Con papel azul se hacen ríos y lagos. Bloquecitos de madera o cajitas pueden servir de casas, o se pueden hacer casitas como la de la figura que sigue:

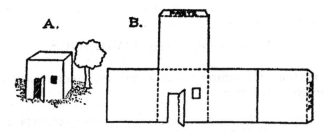

Las figuras para el franelógrafo que vienen en las ayudas visuales pueden reforzarse con cartulina, dejando sobresalir una punta que, metida en la arena, las mantiene en posición vertical. Figuras recortadas de tarjetas y de calendarios también le pueden servir, y hay juegos de figuras en cartón preparadas especialmente para la mesa de arena.

Para cualquier lección se pueden usar muñequitas de palo vestidas al estilo oriental. La del grabado se ha hecho de un palito para tender ropa y sus brazos son de alambre "limpia pipas"; también se pueden hacer muñecos de dos palitos cruzados. Vista usted una docena de muñecas y tendrá con qué entretener y enseñar a los párvulos y a los principiantes. Permítales repasar la lección en la mesa de arena.

Los niñitos pueden jugar en la arena después que usted haya dado la clase; pues no se debe ocupar tanto tiempo en la presentación de la lección para los pequeños como en la clase de los mayores.

Es bueno tener una tapa para la mesa de arena para que los niños no tengan la tentación de jugar en ella fuera de tiempo. El interior de la tapa puede cubrirse con franela azul y servirá de cielo cuando está abierta. Será útil para la lección de la Navidad cuando aparece el ángel, como también para la transfiguración, la ascensión, la segunda venida de Cristo, y otras.

PREGUNTAS Y ACTIVIDADES

1. Mencione diferentes cuadros que se pueden usar para presentar la lección.

2. Recorte una lámina de una revista y explique cómo la usaría en una lección bíblica.

3. Prepare una caja de secretos o una casa caja.

4. En una caja cualquiera prepare una mesa de arena con muñequitas de palitos.

NOTAS

_____

_____

_____

_____

_____

_____

_____

Capítulo 5

EL USO DE LA CARTULINA

L a cartulina tiene una variedad de usos, como veremos en este capítulo. Es un material relativamente barato y viene en diferentes colores, tamaños y grosores.

CARTELES

Anuncios

Los carteles preparados artísticamente son excelentes para anunciar cultos especiales, programas de Navidad, el Día de las Madres, la Escuela Dominical, la Escuela Bíblica Vacacional, y otras actividades.

Ejemplos de anuncios:

➤ Niños que corren y la leyenda: "Vamos a la Escuela Bíblica Vacacional en *(dirección)* a las *(hora)*."

➤ Gallo que canta y la leyenda: "Despiértate y ven a la Escuela Dominical a las_____ todos los domingos." *(Estas palabras se escriben en letras de tamaño graduado y como si vinieran del pico del gallo.)*

➤ Figura de una mujer que llama por teléfono a un lado del cartel, y al otro lado una madre con un niño. En el medio las palabras: "Llamando a todas las madres para . . ."

Bosquejo de la lección

Las figuras para usar en el franelógrafo a veces se prestan muy bien para presentar la lección en un cartel muy hermoso. Pegue las figuras de la manera que las colocaría en el franelógrafo. Esto es especialmente útil cuando se enseña al aire libre. Vea el ejemplo del siguiente bosquejo:

Un buen soldado

S alvado
O bediente
L isto
D ecidido
A bnegado
D ichoso
O cupado

D edicado
E sforzado

J usto
E spiritual
S incero
U til
S atisfecho

Ilustración de un punto importante

En cursillos para maestros y convenciones de escuelas dominicales son de mucha importancia los carteles. Estimulan el interés y el entusiasmo, y, además, graban en la memoria las verdades ilustradas. Su preparación cuesta más trabajo que algunos otros métodos; pero vale la pena usarlos de vez en cuando. Además, después de servir en una Escuela Dominical por un tiempo pueden prestarse a otras escuelas dominicales o para otras aulas.

Por ejemplo:

➤ Figura grande de un cordero con las palabras: "Apacienta mis corderos."

➤ Niño parado en una encrucijada, con anuncios señalando dos caminos. Uno lleva el letrero: "Agradar a Cristo", el otro: "Agradarse a sí mismo." Las pisadas en ambos caminos llevan nombres como: orar, leer la Biblia, testificar.

DIFERENTES DIAGRAMAS

Diagramas de la lección

Estos diagramas son excelentes para las clases de jóvenes y de adultos. Mediante diagramas se puede trazar el plan de Dios en la historia de la raza humana, ver las dinastías de los reyes de Judá y de Israel, o mostrar el orden cronológico de los profetas y el tiempo en que vivían. Es posible hacer los diagramas en la pizarra; pero son más prácticos en forma durable. Si se hacen en cartulina se pueden conservar en el aula para referencia mientras las lecciones sean del mismo tema.

Diagramas de asistencia

También son muy útiles. Pueden basarse sobre la asistencia total de la Escuela Dominical, la de la clase, o la asistencia de la escuela con sus escuelas de barrio, o de todas las escuelas en el distrito.

Son muy interesantes cuando muestran no sólo la asistencia del año en curso, sino también la del año anterior. De abajo hacia arriba, las líneas horizontales marcadas 5, 10, 15 . . . representan el número de alumnos presentes, y de izquierda a derecha se marcan con líneas verticales las cincuenta y dos semanas del año. Luego cada domingo se marca la asistencia en el lugar correspondiente, continuando hasta allí la línea de la asistencia. Cuando se muestra la asistencia para dos años, las dos líneas deben hacerse en distintos colores. Siempre debe procurarse mantener la línea del año presente por encima de la línea del año pasado.

Otro cuadro de asistencia se hace en forma de termómetro con una cinta roja que se sube o se baja según el número de los presentes.

CUADROS DE HONOR

Puesto que una parte de la enseñanza es estimular el interés para aprender, los cuadros de honor tienen su lugar en el aula. Para trabajos de memorización se prepara el cuadro indicando sobre las divisiones a la derecha los pasajes que hay que aprender, tales como: el Salmo 1, el Salmo 23, los Diez Mandamientos, las

Bienaventuranzas, el capítulo del amor (1 Corintios 13). Luego se hace la lista de los que van aprendiéndolos, colocando una estrella después de su nombre en el cuadrito correspondiente por cada pasaje que puedan citar perfectamente. Muchos niños, jóvenes y adultos pueden dar testimonio de la bendición espiritual que han recibido al aprender de memoria las Escrituras.

Los cuadros de honor pueden prepararse también para los que lean toda la Biblia en un año *(marcando con una estrella cada división leída)* y para los que tengan asistencia perfecta *(se puede dividir el año en doce meses y pegar una estrella por cada mes que asistan sin faltar).*

Parecido al cuadro de honor es el cuadro de asistencia que se usa en algunas escuelas dominicales, donde se marca a la vista de todos la asistencia de los alumnos cada domingo. Esto es más impresionante para los alumnos que la libreta de asistencia, y es bueno si se usa en la clase; pero el pasar lista a toda la Escuela Dominical en un solo cuadro ocupa demasiado tiempo y aburre a los alumnos.

SERIE DE LÁMINAS

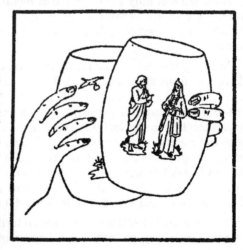

Este método es uno de los más populares para la enseñanza de historias bíblicas y relatos que aplican a la vida diaria los principios cristianos.

Las figuras para ilustrar la historia se pegan en una serie de pliegos de cartulina de distintos colores. Es aún más interesante cuando la cartulina se corta en la forma de algo sobresaliente en la lección. Por ejemplo, para la lección del hijo pródigo las cartulinas se cortan en forma de puerco; para la historia de los que hicieron excusas para no ir a la cena del rey las cartulinas se cortan en forma de una mesa.

A la primera cartulina, que sirve de tapa para la serie de cuadros, no se le pega figura sino se escribe el título de la historia.

Usando esa tapa como molde, se cortan los demás cuadros, los cuales son meramente siluetas en que se pegan las ilustraciones para la historia. Seque las figuras bajo un libro para que no se arruguen, luego póngalas en el orden correcto y escriba en cada una el número correcto.

La narración se escribe o se pega en el dorso de las figuras para que no se pierdan y cualquiera que desee usar la historia pueda estudiarla y relatarla correctamente. Si se trata de una historia bíblica, anote la cita. La narración para la primera figura se pega al dorso de la última figura; para la segunda figura, se pega al dorso de la primera; para la tercera, se pega al dorso de la segunda; y así sucesivamente. De ese modo, el maestro tiene las pautas de lo que ha de decir cuando los alumnos ven la ilustración.

Durante el desarrollo de la lección, al llegar el momento de usar determinada figura, quite la que está encima y colóquela detrás de las demás, dejando al descubierto la figura de la cual se va a tratar.

Se pueden conseguir historias ya preparadas con las figuras que las ilustran y moldes para las cartulinas de fondo. También se pueden recortar de revistas y calendarios figuras para ilustrar historias de la vida cotidiana que tengan una buena moraleja.

CARTULINA COMO TABLERO

En una cartulina grande se pegan una tiras horizontales de cartulina, dejando suelta la orilla superior, para que las figuras puedan colocarse en los sobrecitos o repisas formadas así. Sujétese la cartulina a un cartón o tablero que pueda inclinarse un poco para atrás, evitando así que se caigan las figuras.

Las mismas figuras que vienen para el franelógrafo pueden usarse en esta forma, especialmente si son de objetos y no de escenas. Esta cartulina también puede servir de cartel si los avisos se escriben en tiras de cartulina y se colocan en las repisas. Para un ejercicio de repaso muy interesante los alumnos pueden colocar en este tablero, en orden correcto, los nombres de los libros de la Biblia escritos en tarjetas, o figuras con los nombres de los personajes principales desde Adán hasta Cristo.

LOS TRABAJOS MANUALES

Hay muchos trabajos manuales en que se usa la cartulina. Véase la sección sobre lo que el alumno hace. Un método que combina la presentación de la lección con el trabajo manual es un dibujo en la cartulina que los alumnos terminan pegándole figuras recortadas. Por ejemplo:

> ➤ Para ilustrar la creación, los alumnos pueden recortar de revistas diferentes cosas que Dios ha creado y pegarlas en un cuadro.

> ➤ Para ilustrar la pesca milagrosa, pueden recortar pescados y pegarlos en una red dibujada sobre cartulina.

> ➤ Para una lección sobre el amor de Dios, escriba en cartulina el título: "Personas que Dios ama." Los niños pueden pegar figuras de hombres, mujeres y niños de diferentes edades, recortadas de revistas o catálogos.

Para mayor economía, se puede usar papel de empapelar, o de envolver, o el lado del revés de carteles viejos.

CUADROS PARA ADORNAR EL AULA

Queremos que cada aula sea lo más atractiva posible, ¿no es verdad? Pegue sobre cartulina cuadros y textos apropiados para los alumnos de su clase. Cuadros de flores, pájaros, niños y animales sirven para ilustrar el amor del Padre celestial. Explique el significado del cuadro el día que lo coloca en el aula. Cuadros con figuras bíblicas también sirven; pero hay que tener cuidado en los lugares donde existe la idolatría para que los niños no vayan a creer que son nuevos "santos".

REGLAS PARA OBSERVAR

1. *Armonice bien los colores.* Esto es de suma importancia al trabajar con cartulina. Un cuento bien ilustrado puede perder mucho de su efecto si están mal combinados los colores. Para que las figuras resalten, debe haber bastante contraste entre el fondo y las figuras que se pegan. Antes de empezar a pegar las figuras en su serie de cuadros, pruébelas todas en distintos colores para ver cómo quedan mejor.

2. Ilustre los puntos principales de la historia según las figuras que pueda encontrar. Pueden usarse más ilustraciones o menos y no necesariamente las mismas que otra persona ha usado para ilustrar la misma lección.

Prepárela usted según los medios a su alcance. Algunos dibujos sencillos pueden hacer las veces de las figuras que uno no puede encontrar, o una silueta recortada de cartulina o de papel puede reemplazar una lámina.

3. *Revise la serie de cuadros.* Haga esto antes de presentarlos para ver si están en orden.

4. *Tenga los cuadros delante de sí en tal posición que los alumnos los puedan ver.* Vírelos un poco para la izquierda y para la derecha para que los alumnos sentados a cada lado los vean claramente. Recuerde que los alumnos, y no el maestro, deben estar mirando las figuras durante la explicación de la historia.

5. *Para un cartel, haga un modelo.* Antes de hacer un cartel, haga un modelo en papel para ver cómo quedarán mejor las palabras. Cuente las letras y los espacios entre las palabras para poderlas distribuir bien.

6. *Trace con lápiz primero.* Haga líneas horizontales entre las cuales debe dibujar y pintar las letras para que todas sean de la misma altura. Trace primero con lápiz las letras para todo el cartel, muy ligeramente, y mire bien el trabajo antes de pintarlo, no sea que le falte alguna letra. Es muy fácil deletrear mal cuando uno dibuja letra por letra en vez de escribir las palabras en orden seguido, como generalmente se acostumbra.

7. *Pinte las letras con cuidado.* Un patrón calado es de gran ayuda para hacer letras; también patrones recortados de cartulina. Se consiguen en las librerías plumas especiales para hacer letras con tinta china. También se pueden comprar letras engomadas, usar letras recortadas de encabezamientos de periódicos o hacer trabajos muy lindos con letras recortadas de cartulina y pegadas en el cartel.

Puede usar lápices de color, tinta china, témpera o acuarelas; pero siempre cuidando de que los colores armonicen entre sí y con el fondo.

8. No ponga demasiado en un cartel. Llenar todo el cartel, sin dejar espacios en blanco, luce feo y quita fuerza al mensaje.

9. *No haga al revés las letras N, S, y Z.* Es fácil que eso suceda, por eso le advertimos. Y no ponga punto sobre la I mayúscula.

10. *No tire los anuncios usados.* En otra ocasión uno puede ahorrarse horas de trabajo con sólo pegar en el anuncio un cartoncito con el lugar y la fecha correctos.

PREGUNTAS Y ACTIVIDADES

1. Mencione algunas ocasiones para las cuales pueden servir carteles de anuncio.

2. Haga un cartel de anuncio, o uno que ilustre una lección.

3. Prepare en papel el modelo para un diagrama bíblico.

4. Haga un diagrama de la asistencia de la Escuela Dominical.

5. Prepare una cartulina como tablero.

6. Prepare una serie de cuadros y preséntelos ante la clase.

7. ¿Cuáles son algunas de las reglas que hay que observar al hacer un cartel?

NOTAS

_____

_____

_____

_____

Capítulo 6

EL FRANELÓGRAFO

E l franelógrafo es un tablero cubierto de franela sobre el cual se hace la presentación de la lección mediante figuras, cuadros o escenas. Las figuras se adhieren al tablero, ya sea por la clase de papel o porque se les ha pegado en el dorso franela o papel de lija.

USOS DEL FRANELÓGRAFO

Para ilustrar las historias al narrarlas

Para relatar la historia de la Navidad, la primera escena podría ser la anunciación. Se coloca primero la figura de María, luego la del ángel hablándole. Si tiene distintos fondos dibujados en franela, se usa para esto el del interior de un cuarto. Después, en una escena del campo, se presenta la figura de María y José dirigiéndose hacia Belén. Se hace caminar al burrito desde un lado del franelógrafo hasta el otro.

Luego viene la escena de los ángeles que anuncian a los pastores el nacimiento del Salvador, y la adoración de los pastores. Si se quiere incluir la historia de los magos, se presenta la figura de los magos que atraviesan los desiertos siguiendo la estrella, y después se los presenta ofreciendo sus dones al Niño Jesús. La mayor parte de las lecciones no tendrán tantas escenas; pero de todos modos la acción en el franelógrafo mantiene el interés del alumno, le da vida a la historia y la graba en la mente. Por eso, no cabe duda que este es uno de los mejores medios de enseñanza.

Para ilustrar con figuras simbólicas la lección

Por ejemplo, para ilustrar las bendiciones del milenio se puede presentar una canasta llena de distintas frutas, las cuales llevan estos letreros: paz, larga vida, gobierno perfecto, salud, y otros.

Para ilustrar himnos y coros

El siguiente coro, cantado con la tonada de "Estad por Cristo firmes", ha sido usado por el Señor para aclarar el plan de salvación a muchas personas, resultando en la conversión no sólo de niños sino también de adultos.

Un *niño* de *seis* años, y aun de *cuatro* o *tres*,
Podrá entrar al *cielo*, *Jesús* la *puerta* es.
Si el niño en Él *confía*, y le entrega el *corazón*,
Recibe por su *muerte* la paz y *salvación*.

Las siguientes figuras se colocan en el franelógrafo al cantar las palabras impresas en negritas: un niño, un 6, un 4, un 3, la ciudad celestial, Jesús, una puerta, un niño que ora, un corazón manchado, una mano extendida para recibir algo, la crucifixión, un corazón limpio con Cristo en el centro.

Varios de los himnos se prestan para este tipo de ilustración. Daremos a continuación dos ejemplo:

Padre, tu Palabra es

Padre, tu *Palabra* es mi *delicia* y mi solaz.
Guié siempre aquí mis *pies*, y a mi *pecho* traiga paz.

Coro: Es tu *ley*, Señor, *faro* celestial
      Que en perenne *resplandor*
      norte y guía da al *mortal*.

Si *obediente* oí tu voz, en tu gracia *fuerza* hallé,
Y con firme *pie*, y veloz, por tus *sendas* caminé.

Figuras que puede usar: Biblia, fruta o comida deliciosa, pies, un corazón, tablas de la ley, un faro, rayos de luz que salen del faro, una estrella *(explique que los marineros fijan el rumbo por la estrella del norte)*, hombre, soldado *(explique que el soldado tiene que obedecer las órdenes)*, brazo fuerte, pies, camino.

Cristo me ama

Cristo me ama, bien lo sé,
su *Palabra* me hace ver
Que los *niños* son de aquel
Quien es nuestro Amigo fiel.

Coro: *Cristo* me ama, Cristo *me* ama.
Cristo me *ama*, la *Biblia* dice así.

Cristo me ama, pues *murió*,
Y el *cielo* me abrió.
Él mis *culpas* quitará
Y la *entrada* me dará.

Figuras para ilustrar este muy amado himno: Jesús, Biblia, niños de distintas razas colocados en círculo alrededor de Jesús (*o un cuadro de Cristo con los niños*), las palabras "Cristo", "me", "ama", Biblia, Jesús, la crucifixión o una cruz, el cielo, un corazón manchado (*cambiarlo por un corazón limpio y explicar que los de limpio corazón verán a Dios*), una puerta abierta.

Para ilustrar textos bíblicos

La *paga* del *pecado* es *muerte*,
mas la *dádiva* de *Dios* es *vida eterna*
en *Cristo* Jesús Señor nuestro (*Romanos 6:23*).

Figuras: Dinero, corazón manchado, calavera y candela (*explique que se refiere a la muerte eterna*), paquete de obsequio, la palabra DIOS, el cielo, la crucifixión o una cruz.

Explique que al hacer cosas malas servimos a Satanás. Nos toca recibir la muerte eterna como castigo por el pecado; pero Cristo ya murió en nuestro lugar.

Lámpara es a mis *pies* tu *palabra*,
y *lumbrera* a mi *camino* (*Salmo 119:105*).

Figuras: Lámpara, pies, Biblia, linterna, camino.

Esta forma de presentación de los textos, además de facilitar el trabajo de memorización y grabarlos mejor en la mente, también hace más clara y comprensible la explicación. Se usa con buen éxito entre niños o adultos, y es un modo excelente de predicar el evangelio en lugares nuevos, en cultos al aire libre o en la cárcel.

Algunos de los textos que se prestan para tal ilustración son:
Juan 3:14, 15, 16; 10:9, 11
1 Tesalonicenses 4:16
1 Pedro 2:2
   (*ilustre "crezcáis" con la figura de un niño, luego la de un hombre*)
Apocalipsis 3:11, 20

Para un repaso de las lecciones estudiadas

Se permite a los niños que ellos mismos coloquen en el franelógrafo las figuras y relaten la lección. Esto les encanta y les graba en la mente la lección, ya que la están aprendiendo mediante el *hacer* y el *hablar* tanto como por la *vista* y el *oído*.

Como fondo para la mesa de arena

El franelógrafo colocado tras de la mesa de arena puede llevar una escena exterior o meramente un cielo. Es muy bueno para las lecciones en que aparecen los ángeles, como en el nacimiento de Jesús o el sueño de Jacob, o para la ascensión de Cristo o su segunda venida.

REGLAS PARA SU USO

1. *Ensaye la presentación.* Es muy importante ensayar la presentación de la lección en el franelógrafo hasta poder hacerlo sin mirar las instrucciones.

2. *No lea ante la clase la explicación de la lección.* El tener que referirse a las instrucciones para colocar las figuras, o el leer el desarrollo de la lección, disminuye considerablemente el interés del alumno, y le hace creer (con razón) que el maestro no está preparado para enseñarle, y que es de poca importancia lo que enseña si él mismo no lo sabe. Así se le resta fuerza al mensaje.

3. *No permita que los niños vean las figuras antes de la presentación.* Su curiosidad les ayudará a prestar mejor atención.

4. *Tenga en orden las figuras.* Ponga una debajo de otra, para evitar demoras en su presentación mientras busca la figura que le hace falta. Esta regla es muy importante.

5. *Guarde en orden las figuras.* Al quitar del franelógrafo las figuras de un texto o un coro, recójalas en orden para tenerlas listas para usar la próxima vez. Lo más fácil es empezar con la última figura y recogerlas en orden, terminando con la primera, poniéndolas una encima de otra.

6. **Coloque cada figura a su debido tiempo.** Ponga las figuras en el franelógrafo al momento que aparecen en la lección, y quítelas cuando ya no deben aparecer.

7. **Coloque las figuras en la forma más natural.** Haga lo posible para que la colocación de las figuras dé la apariencia de una fotografía. Por ejemplo, ponga cara a cara las personas que conversan.

8. **Tenga cuidado con la perspectiva en los fondos pintados.** Un hombre colocado en el mismo nivel de una casa y más alto que ella es peor que un fondo llano, sin escena alguna. Al poner al hombre en la parte inferior del franelógrafo y la casa más arriba, parece que la casa está más lejos y, por eso, su tamaño queda bien.

Tenga cuidado al colocar las figuras de personas, no sea que aparezcan sobre un árbol, andando sobre el agua, como gigantes paradas en las montañas, pegadas a una pared como moscas, o en el aire como pájaros.

9. **Recueste el franelógrafo.** Si las figuras quieren caerse, recueste un poco más el franelógrafo.

10. **Sujete las figuras con alfileres.** Para el uso al aire libre sujete la franela al tablero con tachuelas, y las figuras con alfileres, para que no se las lleve el viento. Si coloca el franelógrafo cara al viento habrá menos probabilidad de que sea tumbado si corre mucho aire.

11. **Coloque los fondos en orden.** Si va a presentar varias escenas con distintos fondos, es importante que antes de la lección coloque primero el fondo que piensa usar último, luego el penúltimo encima de él, terminando con la escena que quiere usar primero. Así será fácil cambiar las escenas sin interrumpir la historia.

12. **No tape con su cuerpo el franelógrafo.** Párese a un lado del tablero para que todos los alumnos puedan ver las figuras.

13. **Use figuras similares.** Al usar en un cuadro figuras de

varias fuentes, asegúrese que tengan el mismo tamaño para que no se vean como gigante y enanos.

14. ***Busque la proporción debida en la composición del cuadro.*** Piense en las figuras como si tuvieran peso para contrapesarlas en el cuadro. Lo mismo puede decirse con respecto a la preparación de carteles. Ensaye el arreglo de las figuras hasta encontrar el efecto más artístico.

15. ***Enfoque la atención hacia el centro del cuadro.*** Las figuras deben llevar la vista hacia el centro del cuadro, enfocando así la atención y dando más unidad al cuadro; por ejemplo, si es de una persona de perfil colóquese para que mire hacia el centro del cuadro.

FONDOS PARA EL FRANELÓGRAFO

El fondo llano

Para textos y coros ilustrados y muchísimas otras lecciones se usa el fondo llano, o sea la franela con la cual el tablero está cubierto. Las historias también pueden presentarse en el fondo llano si no hay franela para escenas.

La escena interior

Corte suficiente franela para cubrir el tablero y para que cuelgue un poco en la orilla superior. Con carboncillo, lápiz de color o pintura trace en la franela el interior de un cuarto. Si no se trasluce la pintura se puede dibujar otra escena al dorso de la misma franela.

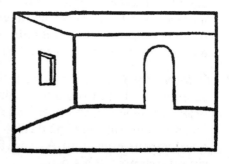

Otra manera de hacer la escena es usar una tira de un color para el piso, y una tira de otro color para la pared. Dos cortinas dibujadas y recortadas de un color que armonice con los otros, y colocadas a cada lado del tablero, le dan una vista más elegante al cuarto y proveen un buen marco para el cuadro. Las cortinas pueden ser de cualquier tela, o aun de papel. También es posible usar puertas y ventanas recortadas de papel en vez de pintarlas en el fondo.

La escena exterior

Esta puede ser pintada en un cuadro entero o compuesta de varias franjas de franela de distintos colores. Si se usan varias franjas se pueden variar las escenas según las distintas historias.

Si se quiere una variedad de escenas será más práctico y más económico usar fondos compuestos.

Use franela azul en la parte superior del tablero para el cielo. *(En un azul oscuro para el cielo nocturno se pueden pegar estrellas engomadas, y en el revés se dibujan ondas para que sirva de mar o río en otra escena.)*

Ondéese la parte superior de una franja verde para colocarla en la parte inferior del tablero. Estas dos piezas — el cielo y la tierra — le dan una escena básica que servirá para la mayoría de las historias que necesitan un fondo exterior. Para más variedad se puede hacer un desierto de marrón claro, un camino del mismo color para usar encima del verde, montes un poco más oscuros o morados, un río azul, y árboles. Pajaritos y flores se pueden recortar de retacitos. Las nubes pueden hacerse de franela blanca o de trocitos de algodón. Una casa o una ciudad en el horizonte viene bien en muchas lecciones.

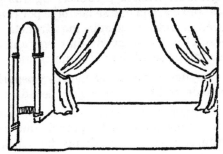

Uno mismo puede experimentar y hacer escenas hermosas. Por ejemplo, una franela amarilla o rosada hace un fondo espléndido en qué pintar el crepúsculo o la aurora. Si no se puede conseguir la franela en los colores deseados, úsese un color más claro y píntese con el costado de un creyón de cera. Las escenas pintadas con creyones deben plancharse con una plancha caliente para que el color quede firme. Para planchar una escena, tápela con otra franela o con papel, para sacar así una impresión de la escena que sirva de molde para el que quiera hacer otra escena igual. Algunos prefieren usar pintura al óleo, témpera o acuarelas.

Si tiene dinero para invertir en paño de lana en lugar de franela, se pueden encontrar colores lindísimos que hacen escenas muy preciosas. Al pintar las escenas, tenga presente que cuanto menos detalle tenga, más práctico será el fondo. Cuando tiene muchas piedras, árboles y otros detalles, queda muy limitado el lugar en que se pueden colocar las figuras.

Las escenas descritas son del campo; pero también se pueden hacer del portal del templo, del pesebre o de una calle. Hay que hacer la calle suficientemente ancha para que quepan bien las figuras.

LAS FIGURAS PARA EL FRANELÓGRAFO

Si las figuras están sin pintar, use colores vivos para que se vean fácilmente, pero con cuidado que armonicen bien entre sí. Procure tener bastante contraste entre los colores.

Muchas de las lecciones preparadas para el franelógrafo tienen las figuras en colores, y algunas se imprimen en un papel especial que se adhiere a la franela sin necesidad de pegarles nada; sólo hay que recortarlas y escribir en el revés el nombre o el número dado para identificarlas.

Si las figuras no son de papel especial, péguese en cada figura una tirita de franela o de papel lija. No tiene que forrarlas por completo con franela; pero si son figuras que se van a usar muchas veces, se aconseja que se las forre por completo. Recuerde que las figuras grandes necesitan más franela que las pequeñas. Si es grueso el papel se puede lijar ligeramente, levantando así una pelucita que se adhiere al franelógrafo.

Después de pintar las figuras y pegarles franela, déjelas secar debajo de un libro u otro objeto pesado para que no se arruguen.

En lugar de recortar semana por semana las figuras para la lección, sugerimos que prepare de una vez todas las figuras para el trimestre o semestre. Se pueden juntar con una presilla las de cada lección, luego todas se guardan en una caja o en un sobre grande juntamente con el manual del maestro que explica su uso. Después de usarlas, guárdelas para ser usadas otra vez, sea para un repaso o en otro lugar.

PREGUNTAS Y ACTIVIDADES

1. Mencione seis usos del franelógrafo.

2. En su opinión, ¿cuáles son algunas de las ventajas de este método?

3. Para alumnos de qué edad es práctico su uso?

4. Mencione siete reglas que hay que observar en su uso.

5. Prepare una escena interior, una escena exterior, un franelógrafo, un texto ilustrado, un coro ilustrado o una historia ilustrada. Cuando menos puede preparar en papel modelos pequeños de las escenas, recortando y pegando una franjita encima de otra para hacer una escena compuesta.

NOTAS

Capítulo 7

EQUIPOS DE PROYECCIÓN

Hay magníficos medios modernos para enseñar las grandes verdades del evangelio. En este capítulo veremos varios de esos medios, como las vistas fijas, las películas y los videos, y las transparencias que se usan con un retroproyector.

La televisión nos abre millares de puertas para entrar en los hogares con la enseñanza bíblica. Un mensaje ilustrado de manera convincente y eficaz puede ser grabado y filmado para ser reproducido muchas veces por televisión o videos en distintos lugares.

También las películas y las vistas fijas han demostrado ya su valor educativo en la Escuela Dominical, en la iglesia, en campañas de evangelismo, y en campos blancos donde los colportores bíblicos han introducido la Palabra de Dios.

Otro medio educativo que ofrece muchísimas ventajas es el retroproyector. Si el maestro es cuidadoso en hacer las transparencias, puede usarlas, vez tras vez, para públicos pequeños y grandes.

VISTAS FIJAS

Se pueden conseguir hermosas vistas en colores sobre la vida y las enseñanzas de Cristo y de otras historias bíblicas. La mayoría de éstas son copias de lienzos famosos. También se pueden preparar vistas sobre el tema que uno desee presentar. Por ejemplo: los daños que causa el licor, el corazón del hombre, los campos misioneros. Se pueden sacar fotos en colores de los hermosos cuadros bíblicos que vienen en rollos grandes o se pueden comprar vistas ya preparadas por peritos en el asunto.

Las vistas fijas montadas en cartón permiten mucha flexibilidad en la presentación porque pueden arreglarse en el orden que uno desee. Uno puede preparar su propia serie de vistas con una cámara fotográfica y películas de diapositivas.

En lugar de montar en cartón las vistas fijas, o diapositivas, se pueden unir en una cinta para hacer un rollo de vistas para proyectarse en un aparato especial para tiras de diapositivas.

Cajas para diapositivas

Muchos proyectores son automáticos y tienen su cajita especial para las vistas. Éstas deben guardarse en cajas, para tenerlas en orden correlativo y para protegerlas. Si se pone una identificación en una esquina determinada de cada vista, será más fácil colocarlas correctamente y se evitará que aparezcan en la pantalla boca abajo, de costado o al revés.

Si tiene un orden fijo para las vistas, después de colocarlas en la cajita, se puede pintar en el borde superior de las vistas una línea de media pulgada (1,25 cm) de ancho, desde un extremo de la caja hasta el diametralmente opuesto. Luego, en cualquier momento se ve si una vista está fuera de su lugar. Si la línea pintada está quebrada, una vista está virada. Si la línea no está derecha, algunas de las vistas están fuera de orden.

PELÍCULAS RELIGIOSAS

A través de los años se han preparado muchas películas religiosas. Para estar al día con respecto a los materiales disponibles, averigüe si en su país existe un sistema cooperativo para la distribución y el alquiler de películas. Hay muchas buenas películas en español para la evangelización.

Para enseñanzas básicas sobre la higiene, la salud, la agricultura y otros temas similares, solicite información mediante agencias del gobierno.

Sermones ilustrados

Para la evangelización son excelentes las películas sobre diferentes aspectos de la ciencia filmados por el Instituto de Ciencia Moody. Hay también una infinidad de mensajes bíblicos que se pueden conseguir en películas y videos.

Películas misioneras

La películas misioneras pueden dar un cuadro vívido y real sobre las condiciones en lugares nuevos para el evangelio y sobre el desarrollo de la obra del Señor.

Películas bíblicas

Las películas de la vida de Cristo y de otras partes de la Biblia dan vida a los personajes de los tiempos remotos. Se ven claramente las costumbres de esas épocas y uno puede experimentar ciertos pasajes de la antigua historia como si estuviera presente en el acontecer.

Muchos se han opuesto a que los actores y las estrellas de cine, cuya vida inmoral desmiente todo lo que el evangelio enseña, representen a los personajes bíblicos. Para evitar tal sacrilegio, hay compañías que filman las películas bíblicas con actores cristianos.

Películas modernas con temas cristianos

Hay películas que muestran el poder de la oración, basadas en experiencias verídicas, y películas que muestran la importancia de negarse a sí mismo para servir a Cristo, y así por el estilo.

LOS VIDEOS

En los últimos años los videos han llegado a ser una ayuda audiovisual muy ventajosa para la enseñanza. Ofrecen muchos beneficios y usos y pueden adquirirse sin mucha dificultad. Los videos pueden usarse en una habitación pequeña o en un salón grande. Si es en un salón amplio, debe usarse una pantalla de proyección. *(Véase el libro "Enseñanza que transforma", publicado por Editorial Vida, para una explicación detallada sobre las ventajas y usos de los videos.)* En cuanto a conseguir videos, muchas librerías cristianas los alquilan.

VALOR COMPARATIVO

Para dirigirse a las emociones del público y conmoverlo, las películas y los videos son más potentes que las vistas fijas. Pero en cuanto a su valor educativo, las vistas fijas son superiores. Las vistas fijas, o diapositivas, se pueden mantener en la pantalla por más o menos tiempo, según el deseo del locutor, dando la oportunidad de observar más detalladamente la escena proyectada. También hay más flexibilidad en el uso de las vistas fijas. Se pueden usar más de ellas o menos según el tiempo disponible y el ambiente en que uno se encuentra. Además, uno puede escogerlas y arreglar el orden de presentación a su gusto.

Para ocasiones especiales, tales como la Navidad y la Semana Santa, es muy impresionante acompañar las vistas con himnos y coros que presentan la historia, intercalando el mensaje o la lectura bíblica.

REGLAS PARA OBSERVAR

1. **Sepa lo que va a presentar.** Estudie bien las vistas — o la película — antes de presentarlas para poder dar la explicación sin vacilación.

2. **Organice bien su material.** Esto es importante para que pueda presentar un tema ordenadamente y con continuidad.

3. **Tenga las vistas fijas en orden.** Fíjese si las vistas están en orden antes de empezar la reunión.

4. **Prepárese con anticipación.** No eche a perder el culto luchando con el equipo después de la llegada de la congregación. Haga con anticipación todos los preparativos posibles.

5. **Tenga un aula oscura.** Si se van a dar las vistas de día, oscurezca el salón, tapando las ventanas antes de la reunión, luego úsese la luz eléctrica. Cuando menos debe tener todo listo para oscurecer el salón con la menor demora posible.

6. **Coloque el proyector en una mesa fuerte.** Fíjese que no haya desigualdad en las patas, porque cualquier movimiento de la mesa hace moverse las vistas en la pantalla.

7. **Enfoque bien la primera vista.** Haga esto antes del culto para que todo esté listo.

8. **Sepa dónde está el enchufe eléctrico.** Debe saber dónde conectar el proyector para que no se quede sin corriente al apagar las luces del salón.

9. **Válgase de un ayudante.** El ayudante puede manejar el proyector para que el que explica las vistas esté al lado de la pantalla para poder llamar la atención a cualquier detalle del cuadro.

10. **El ayudante debe saber el manejo del proyector.** Es vital que se familiarice con el manejo del proyector antes del culto.

11. **Defina una señal para cambiar de vista.** Un golpecito en el suelo con el apuntador, u otra señal, puede usarse para que el ayudante cambie la vista.

12. **Prenda la luz del proyector antes de apagar la luz del salón.** Y después de mostrar las vistas prenda las luces del salón antes de apagar el proyector. Esto contribuye a mejor orden y protege los ojos del cambio brusco en el alumbrado.

13. **No use vistas fijas, películas o videos con demasiada frecuencia.** Se puede usar estos medios con tanta frecuencia que los alumnos se disgusten cuando no haya una película, o también pueden aburrirse debido al uso frecuente de estas ayudas para la enseñanza.

14. **Tenga presente que nuestro propósito no es simple entretenimiento.** La instrucción religiosa es con el fin de ganar almas para Cristo y para que las personas lleguen a ser buenos creyentes. Por lo tanto, debe mantenerse un ambiente espiritual y reverente.

15. **Tenga mucho cuidado al escoger las películas.** Algunas de las películas modernas con temas religiosos traen escenas amorosas que son impropias para mostrarse en una iglesia. Además, aunque traen buenas enseñanzas morales tienden a enseñar un evangelio social

más que el arrepentimiento del pecado y la redención. La película usada correctamente puede ser un factor potente para el bien; pero, desgraciadamente, es también una de las armas más poderosas del diablo para corromper la sociedad, crear apetitos carnales y destruir la espiritualidad. En vista de esto, y sabiendo que el cine envicia, opinamos que en el uso frecuente de películas religiosas existe el peligro de crear en nuestros alumnos un apetito que los llevará al cine y los alejará de Dios.

LOS PROYECTORES

Hay distintos tipos de proyectores. Asegúrese que el proyector y las vistas correspondan en tamaño. El más común es de 2x2 pulgadas (5x5 cm) para las transparencias montadas. También tenga en mente las diferencias de voltaje. Si el voltaje de la luz es de 110 y el proyector es de 220, tendrá que usar un transformador, y viceversa.

Las tiras de diapositivas requieren un proyector especial. Se pueden conseguir proyectores para vistas montadas que también tienen un aparato para mostrar las tiras de diapositivas.

Para la proyección de películas cinematográficas se precisa un proyector de dieciséis milímetros. Las películas producidas profesionalmente para el uso de escuelas, iglesias y otras instituciones traen grabada la narración, la cual está sincronizada con la parte visual de la película y requieren equipo adicional.

Hay también lo que se conoce como *proyector opaco*. Ese tipo de proyector no necesita ni películas ni transparencias. Reproduce directamente de la página cualquier cosa que cabe dentro de su zona de reproducción. Si se quiere proyectar una lámina de un libro, se pone el libro debajo del proyector, el que lo reflejará fielmente en la pantalla, en sus colores y en tamaño aumentado. En auditorios grandes se usa como pizarrón para proyectar anuncios. Es muy útil para proyectar composiciones escritas por los alumnos y comentar en clase las correcciones necesarias. También sirve para los trabajos de memorización.

No olvidemos los aparatos reproductores de videos. Se usan con un televisor y se debe acoplar una pantalla grande si hay mucho público.

El alumbrado

En campos rurales y otros lugares donde no hay electricidad, o si la hay, es de muy baja potencia, se puede usar la corriente de una batería (pila o acumulador) de automóvil con una bombilla de seis voltios; pero la batería tiene que estar bien cargada para dar una buena proyección. Lo más satisfactorio para tal trabajo es un pequeño motor de gasolina con su dínamo. Se puede conseguir uno que pesa de cincuenta a setenta y cinco libras y requiere un litro de gasolina para trabajar una hora.

La pantalla

Se pueden comprar excelentes pantallas radiantes que reflejan muy bien la luz y dan una proyección clara. Una pared blanca sirve de pantalla mejor que una sábana. Se hace una buena pantalla de madera dándole dos manos de pintura blanca (no esmalte) o lechada (Calcimine, cal con agua de cola). Para la última mano, a cuatro partes de pintura agréguese una parte de yeso y una cucharadita de azul para ropa en forma líquida. Déjela por una hora, luego revuélvala y cuélela en una tela de algodón. No la aplique con brocha sino con un pulverizador de echar insecticida.

Una pantalla portátil se hace de muselina, las orillas superior e inferior sujetadas a palos para que cuelgue derecho y sin arrugas. Se le da cuando menos dos manos de pintura blanca. Se enrolla desde abajo alrededor del palo *(que debe ser redondo y tener unas dos pulgadas de grosor)*, y así se transporta con facilidad.

LAS VENTAJAS DEL RETROPROYECTOR

El retroproyector es uno de los equipos de proyección más útiles para el maestro. Tiene muchísimas ventajas, entre ellas, que no se necesita oscurecer la habitación. El maestro puede estar frente a sus alumnos y mantener contacto directo con ellos.

Se pueden preparar las transparencias de antemano y conservarse para usar en otras oportunidades. Aparte de escribir o dibujar con marcadores especiales en las transparencias, uno pueden hacerlas en casi cualquier máquina fotocopiadora. Pero hay que usar un acetato especial para transparencias, que pasa por la máquina con la misma facilidad que el papel.

A los maestros que tienen la ventaja de tener a sus disposición un retroproyector, se les recomienda que lo usen con frecuencia. Les puede ser muy útil para . . .

➤ copiar la letra de himnos y coros nuevos para que todos puedan cantar sin dificultad.

➤ anotar el versículo para memorizar.

➤ hacer los dibujos para una historia ilustrada.

➤ dibujar un mapa.

➤ presentar un acróstico.

➤ copiar el bosquejo de la lección.

El retroproyector puede hacer las veces de la pizarra, el franelógrafo, el proyector de vistas fijas y otros medios de enseñanza. ¡Úselo sin reservas!

PREGUNTAS Y ACTIVIDADES

1. ¿Qué opina sobre el uso de las vistas fijas para la evangelización?

2. Mencione tres clases de películas religiosas.

3. Compare el valor de las películas, los videos y las vistas fijas.

4. Dé diez reglas que hay que observar al presentar vistas o películas.

5. Aprenda el manejo de algún proyector que le puede ser útil.

6. Haga una lista de películas que podrían mostrarse a la congregación, para beneficio espiritual de ésta, disponibles para alquiler por medio de alguna agencia cristiana de su país.

7. Dé algunos ejemplos de las ventajas del retroproyector.

Capítulo 8

EL VALOR DE LOS MAPAS

En la enseñanza bíblica los mapas son un magnífico complemento. Tienen varios usos.

EL USO DE LOS MAPAS

Para realzar los acontecimientos bíblicos

Para los alumnos a veces las historias de la antigüedad y de las tierras lejanas parecen ser meras leyendas o cuentos fantásticos que carecen de realidad o fundamento. David y el gigante Goliat parece ser un cuento interesante a la par con Caperucita Roja o Aladino y su lámpara mágica. Pero el señalar en el mapa el lugar exacto donde ciertos acontecimientos ocurrieron ayuda mucho para hacer sentir a los alumnos que los personajes bíblicos en verdad existieron, que eran reales sus luchas y sus triunfos, y que el Dios que les ayudó nos ayudará a nosotros también.

Un mapamundi debe usarse para mostrar cómo se puede llegar a la Tierra Santa desde el país donde se encuentran. ¿Qué muchacho sediento de aventuras no sentirá vivo interés cuando el maestro diga: "Alístense todos para un viaje muy largo hoy. Después de conseguir nuestros pasaportes iremos a_____ *(el puerto de embarque)* y sacaremos pasaje primero para_____."

Trace luego paso a paso el viaje hasta Israel. Compare el tamaño de la Tierra Santa con el país o la provincia donde viven. Cada punto de comparación o contraste entre los dos países realzará para los alumnos las escenas de las historias bíblicas. Las comparaciones entre la historia de Israel y la de la patria también contribuyen para que los alumnos entiendan mejor su lucha por la libertad, su anhelo por el Mesías prometido y su desilusión al hallar que Cristo no era un libertador político. Esto nos hace ver otro uso de los mapas.

Para aclarar las condiciones que existían

¿Cómo puede uno formarse una buena idea de la conquista de Palestina, los cautiverios, el retorno a Jerusalén, los viajes del Señor y los viajes misioneros de los apóstoles a menos que los estudie juntamente con el mapa?

Para ilustrar verdades espirituales

Los viajes misioneros de Pablo nos muestran su pasión por las almas. El viaje de Abraham es un monumento a la fe. Y, así, hay muchas experiencias de los personajes bíblicos que se pueden ilustrar con mapas.

Para estimular el espíritu misionero

El espíritu misionero es una parte vital del evangelio. Un mapa del país es bueno para indicar las partes evangelizadas y las que no lo están. Un mapa del mundo aumentará el interés en la obra misionera; y un plano de la ciudad donde viven es de mucho valor para organizar el trabajo de visitación y planear la apertura de escuelas dominicales de barrio.

Para captar aun más el interés se pueden colocar alrededor del mapa o del plano retratos de la obra y de los obreros, cada uno con una cinta que parta desde el sitio correspondiente en el mapa.

DISTINTAS CLASES DE MAPAS

Mapas bíblicos de pared

En cada aula, desde la de los intermedios, debe haber mapas de la Tierra Santa en la época del Señor Jesucristo, los viajes misioneros de los apóstoles, y un mapa de Egipto y sus alrededores para estudiar el viaje de Egipto a Canaán. Éstos se pueden copiar en buen tamaño de los mapas que trae casi cualquier Biblia. Sería un buen proyecto para la clase de jóvenes.

Mapas de relieve

Los mapas de relieve se preparan dibujando el contorno del mapa y formando con masilla los montes, los valles, los ríos, las lagunas, etcétera. La masilla puede hacerse de tiritas de papel de periódico disueltas en agua caliente y mezcladas con un engrudo espeso cocinado de harina de trigo y agua. Después de secarse bien la masilla en el mapa, éste puede ser pintado a su gusto.

Hacer un mapa de relieve puede ser un buen proyecto para una clase de jóvenes, intermedios o primarios en la Escuela Bíblica Vacacional, o para una clase de la Escuela Dominical en algún día particular. El maestro debe experimentar primero con la masilla para que salga bien.

Un mapa de relieve más sencillo puede hacerse en la mesa de arena. Al ver el terreno tal como era, los alumnos pueden apreciar mejor las luchas de los israelitas.

Mapas de mesa o de piso

Hay mapas que se colocan en la mesa o en el piso en medio del aula. Las ciudades vienen aparte dibujadas en cartoncitos por los dos lados, es decir, en un cartón doblado y pegado, menos en la orilla inferior donde un doblez hacia adelante y otro hacia atrás mantienen la figura en posición vertical. En la misma forma hay botecitos que se colocan sobre el mar de Galilea y el Mediterráneo.

Los niños pronto aprenden a colocar las ciudades en sus lugares respectivos y les encanta trazar los viajes en el mapa.

Mapas pictóricos

Al estudiar una serie de lecciones sobre la vida de Jesús, se preparan figuritas para representar los acontecimientos, las cuales se pegan en un mapa grande junto al lugar del suceso. Junto a Caná se pega una tinajita, representando el agua transformada en vino; en el Jordán, donde se bautizó Jesús, se pega una palomita; y así por el estilo.

El mismo método puede usarse para la vida de Pablo, de Moisés, de Abraham, y de tantos otros. Será de mucho interés que cada alumno prepare un mapa pictórico. Hasta se puede organizar un concurso de mapas.

Mapas de franela o de lana

Este también es un mapa pictórico, pero hecho en franela para que las figuras en lugar de pegarse se coloquen y se quiten a gusto. Tal mapa tiene la ventaja de proveer un buen medio de repaso para las lecciones, dejando que los alumnos coloquen las figuras cada una en su lugar correspondiente. También puede usarse repetidas veces para desarrollar la misma serie de lecciones en distintas clases o escuelas dominicales.

Si el mapa es de buen tamaño se pueden usar figuras de la lección recortadas de tarjetas o revistas. Si gusta, los nombres de las ciudades también pueden ser movibles para darles a los alumnos más práctica en colocarlos en su lugar correcto.

En ese caso, se pueden repartir los nombres de los lugares y las figuras simbólicas; luego cada uno tiene que buscar a su pareja y juntos colocan el nombre y la figurita en el mapa. Recuerde que aprendemos por el hacer, y la enseñanza dada en forma de juego se asimila más rápido y se graba en la memoria mejor que cualquier otra clase de enseñanza.

Mapas en la Biblia

Estos son excelentes para que todos los alumnos busquen cualquier lugar mencionado en la lección. Se familiarizan así con los mapas. Se puede tener un ejercicio basado en un mapa para ver quién encuentra primero los lugares citados. El uso de estos mapas es especialmente útil en una clase grande donde es más difícil conseguir que todos tomen parte en la lección.

Mapas en la pizarra

El maestro puede dibujar los contornos del mapa y permitir que los alumnos lo terminen, marcando los pueblos, ríos, lagos y provincias.

Mapas en cuadernos

Esto mapas proveen trabajo manual para el alumno. El calificar los cuadernos les estimula mucho.

Mapas del mundo actual

Como ya se ha mencionado, éstos pueden usarse para estimular el espíritu misionero, y pueden ser pictóricos también. En el aula o en el salón principal de la iglesia recuerdan a todos el deber de orar por los misioneros y de trabajar por la extensión del reino de Dios.

PREGUNTAS Y ACTIVIDADES

1. Mencione tres usos de los mapas en la iglesia.

2. Mencione siete clases de mapas.

3. Haga un mapa pictórico en franela o en papel.

4. ¿Qué importancia tienen los mapas del mundo actual?

NOTAS

_____

_____

_____

_____

_____

_____

_____

_____

_____

_____

Capítulo 9

EL USO DE LA PIZARRA

Se ha dicho que para captar el interés de una congregación basta tomar una tiza y ponerse junto a una pizarra. Eso despertará el interés, pero para mantenerlo y hacer una obra eficaz, hay que usar la pizarra a menudo. También es bueno solicitar la ayuda de un alumno que haga los apuntes en la pizarra según lo que usted o la clase le indique. Así el maestro no tiene que dar la espalda a la clase, y puede darla toda su atención. ¡Y cuanto más tomen parte los alumnos, mejor es!

Debe haber una pizarra en cada aula; pero sobre todo en las aulas de los jóvenes y de los adultos. Algunas personas consideran que las ayudas visuales son sólo para los niños; pero si es verdad que la mente retiene sólo el diez por ciento de lo que se oye y el cincuenta por ciento de lo que se ve, los adultos también deben "ver" el evangelio para que no se les escape ninguna sus preciosas verdades.

DIVERSOS USOS DE LA PIZARRA

Como noticiero o tablero informativo

La pizarra sirve para presentar:

1. *Peticiones de oración.* En la Escuela Dominical los alumnos deben aprender a orar. Las peticiones definidas contribuyen a un espíritu de oración y una actitud más reverente que prepara el terreno para la lección que sigue. Además, cuando los alumnos ven la respuesta, aumenta la fe, y el nombre de Dios es glorificado.

2. *Anuncios de cultos especiales.* Es bueno tener una pizarra en un lugar visible para todos y anotar los cultos y programas especiales.

3. *La lección y el texto para memorizar.* Este uso, como los anteriores, es bueno para una pizarra grande en el salón principal.

4. *Un buen texto bíblico.* En el templo o a la entrada del mismo, muchos sermones silenciosos se han predicado de esta forma.

5. *Un lema especial.* Se puede anotar en la pizarra un proverbio o un refrán que venga bien con la lección o la ocasión.

6. *Un programa de trabajo.* Se puede nombrar a los que deben ayudar en los distintos trabajos de evangelización o en las escuelas dominicales de barrio, como también asignar trabajos para el desarrollo de la lección para la próxima semana.

7. *Lista de alumnos ausentes para ser visitados.* Los alumnos deben sentir su responsabilidad hacia los miembros ausentes de su clase y no dejar que el maestro haga toda la visitación. La lista debe llevar el nombre y la dirección de los alumnos ausentes. Los alumnos que deseen hacer visitación deben firmar junto al nombre del alumno a quien visitarán durante la semana. Se debe tratar que sean escogidos todos los nombres. Si lo desean, varios alumnos pueden visitar juntos a alguien que estuvo ausente.

8. *Preguntas para el estudio.* Esas preguntas pueden ser sobre la lección del día o acerca de la próxima lección. Por ejemplo, si la lección siguiente es sobre Job, se podría escribir en la pizarra: "¿Por qué sufren los justos?" Durante la semana los alumnos deben hallar todo lo que puedan para contestar esta pregunta.

Para apuntes sobre la lección

Las palabras nuevas o sobresalientes en la lección pueden escribirse en la pizarra. Por ejemplo: la justificación, el renacimiento, la regeneración. Pueden escribirse antes de la lección o durante su desarrollo, con o sin su definición.

También es bueno anotar en la pizarra los puntos sobresalientes. Si damos una lección que habla de las promesas de Dios y decimos que hay más de tres mil promesas en la Biblia, aumenta el énfasis si al decirlo se escribe: 3.000 promesas.

Se puede anotar también el bosquejo, según este ejemplo:

La sanidad del cojo *(Hechos 3)*
1. El milagro
2. El sermón
3. El resultado

Bajo cada parte se hacen anotaciones o se colocan subtítulos durante el desarrollo de la lección. Es más fácil conseguir la cooperación de los alumnos cuando se les presenta la lección así, punto por punto, para su discusión y para que ellos indiquen lo más importante de cada parte.

Con el bosquejo ante la vista es más fácil ver la lección como un cuadro completo. Le obliga al maestro a presentar toda la lección en vez de que se quede por la mitad. También acostumbra al alumno a un orden lógico en la presentación de la verdad que le ayudará más tarde en la obra del Señor.

Para listas, comparaciones y contrastes

Hay muchas lecciones que se prestan para esta clase de presentación, y son sumamente interesantes cuando los alumnos mismos participan en su desarrollo. Si la lección trata del cielo, haga una lista de las bendiciones celestiales; si es del infierno, escriba los horrores de aquel lugar; si se trata del valor, haga una lista de los personajes más valientes de la Biblia.

A continuación le ofrecemos un ejemplo de una comparación:

Moisés, figura de Cristo

Moisés

Librado de Faraón en su infancia.
Poderoso en palabras y hechos.
Nació para salvar a los israelitas de la esclavitud.
Renunció sus derechos al trono para defender a sus hermanos.

Cristo

Librado de Herodes en su infancia.
"Ningún hombre ha hablado como este hombre", decía la gente. Hizo muchos milagros.
Nació para salvar a la humanidad de la esclavitud del pecado.
Abandonó su trono para que por su pobreza nosotros fuésemos enriquecidos.

Para hacer acrósticos

Los acrósticos deben ser desarrollados por los alumnos, hasta donde se pueda; pero tenga usted uno ya hecho por si acaso no pueden pensar en una palabra para cierta letra.

Digamos que la lección es acerca de Esteban. Después de estudiar la lección en clase se escribe ESTEBAN en la pizarra, una letra debajo de otra, y se usa cada una para principiar una palabra que describa una característica del primer mártir cristiano. Si es necesario, ayude a los alumnos con preguntas. A veces se nombrarán varias palabras muy buenas para una letra.

E spiritual

S anto

T rabajador, testigo

E sforzado

B ueno, bondadoso

A mable, activo

N oble

Para tomar exámenes

Se puede usar la pizarra para exámenes al fin de un cursillo para maestros o, si gusta, después de una serie de lecciones en la Escuela Dominical, posiblemente al fin del trimestre. También se puede tomar un examen sobre el trabajo de memorización en la Escuela Dominical o en la Escuela Bíblica Vacacional.

Para la enseñanza de memorización

Lo anotado facilita el aprendizaje. Coros, himnos nuevos, pasajes bíblicos, datos importantes, preguntas y respuestas sobre las doctrinas fundamentales . . . Los alumnos pueden aprender todo eso con más facilidad si ven el material por escrito.

Leer lo invisible encanta a los niños. Se escribe el texto completo que se va a aprender y todos lo leen juntos. Luego se borra una de las palabras principales y se vuelve a leer el texto supliendo de memoria la palabra que falta. Entonces los alumnos escogen cuál palabra se debe borrar *(salteadas)*, y siguen así hasta que estén "leyendo" el texto entero en una pizarra limpia. Para mayor interés se puede usar tiza de distintos colores.

Dibujitos de ayuda. Dondequiera en el pasaje que haya

una palabra que puede ser sustituida por una figura, ¡hágalo! Así será mucho más fácil de aprender. Se puede usar alfileres para sujetar en la pizarra las figuras para ilustrar el texto,

Mapas

Los alumnos pueden ayudar a completar un mapa trazado en la pizarra, tal como se ha sugerido en el capítulo anterior.

Lecciones ilustradas

Las llamadas "pláticas con tiza" se han usado con mucho éxito por todas partes del mundo para presentar las verdades espirituales de una forma gráfica e inolvidable. Muchas de ellas son en realidad lecciones objetivas presentadas con dibujos en lugar del objeto mismo. El maestro dibuja mientras hace las explicaciones.

Le ofrecemos tres ejemplos:

➤ **Salmo 1:** El árbol plantado junto al agua llevando fruto. Los alumnos pueden nombrar los frutos de la vida cristiana.

➤ **El camino ancho y el camino angosto:** Se dibuja una cruz para marcar la encrucijada. Si gusta, en lugar de dibujar el cielo y el infierno, éstos pueden ser figuras que en el momento propio se colocan al fin de cada camino.

➤ **La escalera al cielo:** Sólo una escalera llega al cielo; esa escalera es Cristo. Se dibujan otras escaleras mas cortas que representan diferentes caminos del hombre para tratar de llegar a Dios.

Los muñequitos dibujados en la narración de la historia bíblica, o para ilustrar la aplicación de la verdad, encantan a los niños. Haciéndolos sin rostro se realiza un trabajo más rápido en la cual la posición del cuerpo denota la acción de la historia. Al ponerles rostro, muchos hacen la cabeza en forma de corazón, pues el rostro refleja lo que está en el corazón. Se puede dibujar una sola escena o una serie de escenas mientras se relata la lección. También, con el mismo fondo, se pueden borrar y cambiar los muñequitos según el desarrollo de la historia.

Las figuras dibujadas con tiza de color para ilustrar un himno o un pasaje bíblico se pueden usar con muy buen efecto si uno tiene habilidad artística. Por lo general, éstos se dibujan en cartulina o papel para poder conservarlos, o para obsequiarlos al que mayor número de visitantes ha traído.

La escena se pinta con el costado de la tiza, o con una tiza especial, mientras se canta el himno o se lee el pasaje que se va a ilustrar. Será necesario ensayar para terminar al mismo tiempo, combinando himnos, textos y música instrumental como guste para la mejor presentación del tema.

Estos cuadros son muy apropiados para ocasiones especiales.

Para trabajos que los alumnos hagan

Presentación de la lección. Los alumnos pueden ayudar a poner la lección en la pizarra. Esto contribuye mucho al interés, y la actividad es buena para los niños que ya son muy grandes para marchas y coros con mímicas, pero que todavía cuentan con tanta energía que les es difícil estar tranquilos todo el tiempo que ocupa la lección. Ejemplos:

➤ Al estudiar acerca del valor, cada alumno escribe en la pizarra el nombre de un hombre o de una mujer de la Biblia que era muy valiente, relatando brevemente cómo éstos dieron prueba de su valentía.

➤ Al estudiar Romanos 12:1, sobre presentar nuestro cuerpo en sacrificio vivo, tenga dibujada sólo la ropa *(de niño o de niña según el sexo de su clase)*. Pida que un alumno dibuje la cabeza y consideren todos cómo entregar los pensamientos a Dios. Otro alumno puede dibujar los ojos, otro los oídos, otro la boca, mientras sigue el desarrollo de la lección. Nunca lo olvidarán. Aunque no quede muy bien el dibujo recordarán mejor la lección por haberlo hecho ellos mismos.

Repasos. Después de la lección se puede dejar a los alumnos copiar en la pizarra algún dibujo sencillo que han tenido, o pueden copiar en sus cuadernos los corazoncitos, la plática con tiza, etcétera. Para cualquier dibujo en su trabajo manual, es bueno que el maestro haga un modelo en la pizarra, mostrándoles paso a paso cómo hacerlo. También para que escriban el versículo para memorizar es bueno que el maestro les ponga la muestra.

Ejemplos:

➤ Después de la lección sobre la creación, los alumnos pueden dibujar en la pizarra cosas que Dios ha creado.

➤ Para la lección de Ananías y Safira, los alumnos pueden dibujar en su cuaderno un corazón y copiar el texto: "Dios mira el corazón."

Rompecabezas bíblicos. Éstos se preparan antes de la clase basándolos sobre lecciones pasadas o sobre la del día. Pueden ser textos con las palabras salteadas o las letras entremezcladas, mensajes en clave, etcétera. Los alumnos escriben en su cuaderno la solución.

Ejemplos:

➤ mis palabra Lámpara a tu es pies, y camino a mi lumbrera. Salmo 119:105.

➤ Si gulano rieque nevir ne spo el ím, seguenié a ís momis, y meto us rucz, y gamesí. Mateo 16:24.

➤ Quítense todas las Z, F y X para leer lo siguiente: Porxquef, ¿quéf zaproxvechafrá falx fhomzbrez sixf gzanaxref toxdof felz muxndox, fyz perdiferez sufz zalmax? Mateo 16:26.

REGLAS PARA DIBUJAR EN LA PIZARRA

1. ***Estudie bien la proporción de la figura humana.*** No se hagan muy cortos los brazos o muy pequeñas las manos. Nótese que los codos llegan hasta la cintura. Usando la cabeza como medida para la proporción correcta, el cuerpo normal del adulto mide de siete a ocho veces la altura de su cabeza. La cabeza del niño es relativamente mucho más grande que la de un adulto y su cuerpo más grueso. La altura de un niño pequeño es cuatro veces el tamaño de su cabeza. Estudie las figuras acompañantes para ver cómo expresar distintos sentimientos.

2. **Practique bien el dibujo antes de hacerlo.**

3. **Hágalo lo más sencillo posible.**

4. **Ensaye la narración de la historia.** Esto es importante para que sepa cómo hacer los dibujos.

5. **Consiga un ayudante.** Si no puede dibujar y hablar a la vez, consígase un ayudante para que uno hable mientras el otro dibuje.

6. **Desarrolle la lección punto por punto con el dibujo.** Por ejemplo, no hable del hijo pródigo en una tierra lejana antes de terminar el dibujo de su salida del hogar.

7. **Nunca haga una pausa larga.** Si durante la lección tiene problemas con algún detalle del dibujo, no pierda tiempo tratando de resolverlo. Siga adelante, porque si hace una pausa, se aburren los niños y pierde su fuerza el mensaje.

8. **Dibuje rápidamente.** Los muñequitos son para dar el efecto general y no para que sea una obra de arte.

9. **Dibuje desde un lado de la pizarra para no obstruir la vista.** Retírese un poco de la pizarra de vez en cuando para que todos la puedan ver claramente.

10. **Mire a sus alumnos.** Si usted tiene que hablar y dibujar a la vez, mire a sus alumnos todo lo posible.

11. **Hable claramente.** Mientras dibuja, tiene que seguir con el relato. Recuerde que para los alumnos es más difícil oírlo cuando les da la espalda.

12. **Si es muy complicado o difícil el dibujo, hágalo antes de la clase.** De no ser así, por lo menos trácelo con líneas

que no se vean a una distancia, luego sólo habrá que aclararlas ante la clase.

13. *Mire el dibujo desde una distancia.* Al practicar el dibujo, mírelo desde una distancia para ver si son suficientemente gruesas las líneas para que resalten las figuras.

14. *Use papel.* Si no tiene pizarra se puede usar papel gaceta o de despacho y lápices de color.

15. *Recuerde que la práctica hace al maestro.* No hace tanta falta el talento artístico como la continuidad.

PREGUNTAS Y ACTIVIDADES

1. Mencione cinco maneras de usar la pizarra como noticiero o tablero de boletines.

2. Escoja una lección bíblica y desarróllela como para una clase de adultos usando apuntes en la pizarra.

3. Prepare un acróstico. ¿Para qué clase sería práctico? ¿Es mejor presentarlo ya hecho o dejar que los alumnos ayuden a hacerlo? ¿Por qué sí o por qué no?

4. ¿Qué opina usted sobre exámenes escritos para la Escuela Dominical, la Escuela Vacacional o cursillos para maestros?

5. ¿Cómo se usa la pizarra para los trabajos de memorización? Ilustre el significado de "leer lo invisible".

6. ¿Qué ventaja tiene un mapa en la pizarra sobre un mapa en la Biblia?

7. Escoja una lección para una plática con tiza y haga los dibujos.

8. ¿Para alumnos de qué edad sirve este método?

9. Ilustre una lección con muñequitos, narrando la historia mientras hace los dibujos.

10. Mencione un himno y un pasaje bíblico que se prestan para ser ilustrados y diga qué dibujos se usarían para cada uno.

11. ¿Cómo puede servir la pizarra para trabajos que los alumnos hacen?

12. Cite algunas reglas que hay que observar en el uso de la pizarra.

NOTAS

III

El alumno oye

Se recuerda el 10% de lo que se oye.

Capítulo 10

LA PRESENTACIÓN
DE LA LECCIÓN

Hay muchos y variados métodos para captar el oído del alumno. Veremos algunos en este capítulo.

EL MÉTODO EXPOSITIVO

En el método expositivo, o de discurso, el maestro presenta y explica la lección y la clase meramente escucha. Este método no requiere preparación previa de parte de los alumnos, ni su participación de ninguna manera en el desarrollo de la lección. Lo único que se les pide es su interés y atención; pero, por lo general, eso es pedirles demasiado. A menos que el maestro sea hábil y elocuente algunos se distraerán y otros se dormirán.

¿Por qué se usa?

Se ha probado que uno adquiere el siete por ciento de sus conocimientos por el oído y el ochenta y siete por ciento mediante la vista. También el oído es muy deficiente en cuanto a grabar en la mente lo escuchado. Uno recuerda el cincuenta por ciento de lo que ve y sólo el diez por ciento de lo que oye. Aunque uno recuerda tan poco de lo que únicamente oye, sin embargo, el método de discurso es el más usado. Cuando es *usado solo* resulta ser el menos eficiente de los métodos de enseñanza.

Entonces, ¿por qué se usa tanto? En algunos casos es porque el maestro no conoce otra manera de enseñar; en otros casos, es que el maestro ha preparado un estudio tan completo y detallado que necesita todo el tiempo para desarrollarlo. Indudablemente, se puede presentar más material así; pero ¿cuánto asimilan los alumnos?

A veces se usa el método expositivo porque es tan grande la clase que no parecen prácticos otros métodos, tales como las preguntas y los comentarios. Pero la gran mayoría de las veces se usa porque el preparar la lección bien con ilustraciones, preguntas, ayudas visuales, temas para discusión, y cosas por el estilo, cuesta demasiado trabajo. Hace falta que el gran Maestro grabe en el alma de todo maestro de la Escuela Dominical las palabras:

❑   En lo que requiere diligencia, no perezosos; fervientes en espíritu, sirviendo al Señor.

Romanos 12:11

En este libro se pone más énfasis en los métodos visuales, y se advierte con respecto a la poca eficiencia del método expositivo usado solo; pero en cambio, cuando se emplea en conjunto con otros métodos es de mucho valor. Pero sin una buena explicación de parte del maestro, ¿de qué servirán las ayudas visuales?

Si es cierto que el ojo percibe más que el oído, también lo es que aquél necesita de la ayuda del oído para interpretarle lo que ha visto. Algunos maestros confían demasiado en las ayudas visuales y no preparan debidamente su explicación; aun omiten de la lección puntos muy importantes debido a que no son ilustrados gráficamente.

Para poder enseñar bien con las ayudas visuales, es esencial aprender a enseñar bien sin ellas.

¿Cómo se debe emplear el método expositivo?

Con el método narrativo. El uso de anécdotas, experiencias propias e historias bíblicas, aclara los puntos doctrinales y resulta más interesante el discurso.

Con el método visual, adaptándolo a la clase.

Con preguntas. Si es tan grande la clase que es imposible hacer preguntas a los alumnos individualmente, a lo menos se puede dirigir la pregunta al grupo entero y conseguir que piensen.

Con actividades del alumno. ¿Cómo es posible? En pleno discurso se puede conseguir la participación de los alumnos, pidiéndoles que busquen y lean textos, que hagan apuntes, que subrayen textos, que encuentren cierto lugar en el mapa, etcétera.

Con comentarios. No hay que negarles a los alumnos el privilegio de hacer comentarios.

EL MÉTODO NARRATIVO

El método narrativo es la enseñanza mediante historias. Cristo, el mejor maestro de todos, lo usó con frecuencia, y también lo usaban los profetas para dar mayor fuerza y claridad a sus mensajes.

¿Por qué se usa?

Despierta el interés. Una clase puede estar soñolienta y aburrida, o distraída e intranquila; pero tan pronto como el maestro principie a relatar con vivo interés una historia puede contar con la atención y el interés de todos. Hablando de la importancia de tener la atención de los alumnos, Juan M. Gregory dice: "Si se comienza la lección antes de haber ganado la atención de los alumnos, y se continúa después de haber cesado esa atención, es lo mismo que comenzar la lección antes de que los alumnos entren en el aula y continuarla después de que hayan salido."

Aclara y da fuerza al argumento. ¡No hay nada como un anécdota bien escogida y bien relatada para remachar el punto! Por lo general, los alumnos olvidarán la exposición dada; pero recordarán la ilustración y luego la verdad que ella encierra.

Conmueve los sentimientos. No basta meramente saber que es cierto lo que dice el maestro, uno tiene que sentirlo para estar plenamente convencido. David sabía que había pecado en el asunto de Betsabé; pero parece que no sentía remordimiento. Luego, conmovido por la historia que Natán le relató, David se enojó contra el rico que le quitó al pobre su única oveja, y lo juzgó digno de muerte.

Luego vino la aplicación: "¡Tú eres aquel hombre!" El rey, redargüido y consciente por primera vez de la enormidad de su pecado, buscó a Dios en sincero arrepentimiento.

Moldea los ideales, afecta el carácter e influye en las acciones. Eso sucede por medio de los sentimientos despertados. Relate usted a un grupo de muchachos la historia emocionante de un bandolero astuto, fuerte, intrépido y atrevido, cuénteles dramáticamente sus hazañas, y tendrá un grupo de aspirantes a bandoleros temerarios. Quizás otras influencias cambien sus aspiraciones; pero la experiencia ha mostrado que la dramatización del crimen mediante las películas y la televisión es un factor poderoso en el aumento de la delincuencia juvenil.

Myer Pearlman, en "Enseñando con éxito", dice:

Mediante historias bien narradas los intereses, inclinaciones y sentimientos del niño pueden ser dirigidos para responder a lo que es bueno y bello, y a reaccionar contra lo que es malo y feo. Conmovidos por el interés de la historia, los niños, sean buenos o malos, se convierten en oyentes reverentes. A la medida que se despierta su compasión o su aversión por la representación de varias escenas y caracteres, pueden ser guiados a amar la rectitud y a odiar el pecado con la misma seguridad con que se les puede enseñar la tabla de multiplicar. En todos los países y a través de todos los siglos, grande ha sido el poder de la narración para formar el carácter, imprimir los ideales, crear actitudes y enseñar reglas positivas.

¿Con quiénes se usa el método narrativo?

Todas las lecciones en las clases de los párvulos, principiantes y primarios deben ser presentadas en forma narrativa. Si estudian la misma lección que los adultos y se trata de algún punto doctrinal, reláteles una historia que ilustre esa verdad, adaptándola así a su conocimiento e interés.

Por ejemplo, si la lección es acerca de la humildad, relate la historia del Niño Jesús sometiéndose a sus padres, o la de Jesús lavándoles los pies a los discípulos.

La narración no se limita a las clases de los pequeñuelos. Los millones de personas que cada día siguen ávidamente las aventuras de sus héroes y heroínas en libros, en revistas, mediante la pantalla de televisión o por la radio, hacen ver que a adultos y jóvenes, ancianos y niños, varones y mujeres, sí, a todo el mundo, le gusta una historia bien narrada.

Cómo narrar una historia

Expreso mi agradecimiento a Kathleen Belknap y a Rosalina de Mock por muchas de las siguientes reglas.

1. *ESCOJA LA HISTORIA*

a. Debe ser algo de interés para sus alumnos. La historia de Moisés en la arquilla encanta a los primarios, pero a los intermedios más les interesa la historia de Daniel en el foso de los leones.

b. Debe tener relación con los alumnos. Debe ser una historia que tenga que ver con sus problemas o su vida. Por ejemplo, la tentación de José está muy bien para enseñarles sobre la pureza y la rectitud a los jóvenes; pero no tiene mucho significado para la clase de párvulos.

c. *Debe ser algo para inspirar sentimiento e influir en la conducta.* No es para simple entretenimiento. Queremos inculcar en los alumnos un odio profundo a todo lo que sea pecado, un temor sano al infierno, aprecio por la bondad de Dios, pasión por el Señor y un sentido de responsabilidad hacia Dios y el prójimo. En fin, queremos que nuestros alumnos sirvan a Dios con todo el entusiasmo de su alma. Si el relato o la historia no contribuye nada a ese fin, sería mejor buscar otro.

d. *La ocasión puede influir en la elección de la historia.* Si es Navidad, Día de las Madres, Semana Santa, Domingo Misionero o algo por el estilo, escoja una historia que corresponda al tema del día.

2. *PREPARE LA HISTORIA*

a. *Lea la historia completa.* Si es una historia bíblica, léala primero en la Biblia, no limitándose a la parte indicada para el estudio del día. Por ejemplo, si es de Daniel en el foso de los leones, lea todo el libro de Daniel para comprender mejor su carácter y su fe en Dios. Estudie versículo por versículo la parte que quiere presentar en su narración.

b. *Estudie material suplementario.* Los comentarios en el expositor, definiciones en el diccionario bíblico, la geografía bíblica, etcétera. Así hallará nueva luz sobre las costumbres de aquellos tiempos. Para la historia de Daniel, busque todo lo que puede hallar acerca de los leones.

c. *La observación y la experiencia dan colorido y realidad a su descripción.* Si hay un parque zoológico en su ciudad, visítelo para ver los leones, oírles rugir y observarles devorar la carne que se les da. Debe recoger mucho más material del que puede usar para poder escoger lo más importante, y porque una reserva de conocimientos da fuerza y autoridad a lo que uno dice.

d. *Pida la dirección y la unción del Espíritu Santo.* Al principio, al final y durante toda su preparación y presentación, pida la ayuda de Dios, recordando las palabras de Jesús: "Sin mi nada podéis hacer."

e. *Escoja el propósito de la lección.* Al hacerlo, tome en cuenta la edad, los conocimientos, los intereses y los problemas espirituales del grupo.

f. Adapte la presentación de la historia según el propósito escogido. Recalque la verdad que quiere enseñar omitiendo o dando brevemente las partes que tratan de otros aspectos. Acorte la narración omitiendo partes no esenciales y alárguela con descripciones y otros aspectos de interés, según sea necesario. Damos una sugerida adaptación de la historia de Daniel y los leones.

Para párvulos, principiantes y primarios

Dios nos protege
Daniel era bueno, amaba a Dios y oraba mucho.
Unos hombres malos lo echaron en un foso de leones.
Dios cuidó a Daniel.
Dios nos cuida a nosotros también.

Para intermedios

El valor de Daniel
Daniel se mostró valiente al no contaminarse.
Cumplió con Dios a pesar de las burlas y la persecución.
Fue fiel frente a la muerte y Dios lo libró.
Seamos valientes como Daniel.

Para adolescentes y jóvenes

**En la comunión con Dios hallamos valor
para ser vencedores**
Fue consagrado a Dios en medio de una corte corrompida.
La persecución, su constancia y la liberación.
La importancia de la oración.

Para adultos

La importancia de ser fiel a Dios
Trazar el ascenso de Daniel hasta llegar a ser primer ministro.
Tuvo la oportunidad y responsabilidad
de servir a su generación.
Señalar su comunión con Dios tres veces al día,
en medio de mucho trabajo.
Para él valía más el testimonio la vida misma;
fue fiel en oración y venció la tentación.
Como resultado de su liberación el rey se convence
y todo el imperio es mandado temer al Dios de Daniel.

*Sus compatriotas fueron inspirados a confiar más en Dios,
y pronto consiguieron el permiso
para regresar a Jerusalén y reedificarla.
Mostrar los tremendos resultados de nuestra fidelidad
y de nuestra reacción ante las prueba.*

g. *Tenga presente las cuatro partes componentes de toda buena narración.* La *introducción*, en que se presenta el personaje principal, la escena y una idea de lo que sigue; la *trama* o el desarrollo, que contiene un combate, ya sea entre personas o entre el bien y el mal; el *clímax*, o punto culminante, que determina el resultado de la lucha; y la *conclusión*, es decir, el disponer de todos los personajes. Hasta el clímax el interés va en aumento; pero desde el clímax disminuye el interés. Por lo tanto, la conclusión no debe ser prolongada; no es tiempo de descripción ni de tratar sobre nuevos aspectos de la historia. Sea lo más breve posible en la conclusión para no quitar fuerza a la historia.

h. *Haga un bosquejo de la lección para tener todo en su orden correcto.* Puede ser algo como la presentación sugerida para Daniel y los leones, o más breve todavía. Al escribir los puntos sobresalientes los graba en la mente.

i. *¿Escribirla?* Algunos lo recomiendan y otros dicen que eso impide que uno relate con libertad la historia. Por lo general, uno no escribe las narraciones; pero el tomar tiempo para escribir algunas historias de la manera más interesante posible indudablemente sería una ayuda para aprender el arte de narrarlas, y hay también un ministerio muy amplio para el que sepa escribir historias.

j. *Practique en voz alta su narración.* No faltará quien esté dispuesto a escucharla. O practíquela a solas ante un espejo para darse cuenta de su postura, sus ademanes y sus gestos.

k. *Si es una historia ilustrada, ensáyela con las figuras.* No se puede recalcar demasiado la importancia de esto. Y, por supuesto, tenga todas las figuras en orden.

l. *Conozca bien la historia.* Es necesario que usted pueda "ver" los acontecimientos en la pantalla de su mente y "vivir" la historia al narrarla.

3. RELATE LA HISTORIA

a. Hable claramente. Hágalo con confianza, imaginación, sentimiento y entusiasmo, olvidándose a sí mismo.

b. Desarrolle la acción de la historia. Pero no lo haga con tanta rapidez que el oyente pierda algunos de los puntos principales.

c. Haga una pausa de vez en cuando para mayor efecto. La pausa debe ser de una manera natural, como parte de la narración.

d. Sea dramático en su presentación. Dramatice la narración con su tono de voz, sus miradas, su expresión facial, sus mímicas, etcétera. Haga girar la honda de David y tire la piedra que mata al gigante; dé vueltas al molino con el ciego Sansón; ayude a Pablo y a los otros pasajeros a descargar la nave en la tempestad. No lo haga a modo de juego o entretenimiento, sino pida la ayuda de Dios para que verdaderamente haga "vivir" la historia al relatarla. Si usted la ve, la siente y la vive, los alumnos también la verán como si estuvieran presentes, sufriendo y regocijándose con los personajes, identificándose con ellos y saliendo inspirados a ser también fieles luchadores de la fe.

e. Mire directamente a los alumnos. No fije la vista en dos o tres todo el tiempo; es para todos. No mire para afuera; su propia atención tiene que estar concentrada en la narración para mantener la de los oyentes.

f. Adapte su vocabulario a los alumnos. Use palabras adecuadas para el grupo de edad a quien narra la historia.

g. No se ponga a sermonear durante el desarrollo de la historia. Comparaciones breves pueden dar más fuerza y significado constituyendo una aplicación indirecta; pero si se extiende en esto le quita interés y fuerza a la historia.

h. No la aprenda de memoria. El relato debe ser espontáneo para causar interés y entusiasmo.

i. No mire sus notas. Usted debe saber la historia para narrarla. No se trata de un discurso.

j. No trate de enmendar un olvido. Nunca diga: "Se me olvidó decirles que . . ." Si se le olvidó decir algo que considera importante, incorpórelo en la narración o dígalo durante el repaso.

k. *No se aparte de la verdad.* En su afán por poner todo en términos que los niños conozcan no sea como la maestra que describió al cartero llegando a la casa de José y María con una carta del rey para ellos, diciéndoles que tenían que ir a Belén. Si presenta una conversación imaginaria, no la cite como si fuera de la Biblia. Use "quizás", "puede ser", "podemos imaginarnos", y otras expresiones similares. Lo mismo se aplica a las escenas imaginarias.

l. *Trate de recordar y usar la conversación directa cuando ocurre en la historia.* ¿Cuál tiene más fuerza: "Jesús le dijo que se levantara y anduviera", o "Jesús dijo: Levántate y anda"?

m. *Busque la dirección de Dios para la aplicación.* Recuerde que muchas veces cuanto más breve sea la aplicación, más fuerza tiene. Si siente que es tiempo para una oración de consagración o de arrepentimiento, no la deje para más tarde. Muchos sermones tendrían más efecto si se cortaran por la mitad justamente cuando todos están profundamente conmovidos y con deseos de orar; pero como el predicador tiene tres puntos más que exponer, sigue hablando. Cuando termina ya ha pasado el momento oportuno. Tenga su propósito, sus materiales, su plan, sus métodos y todo lo demás preparado; pero sea flexible en todo, sujeto a cambios según lo dirija el Maestro de maestros.

EL USO DE GRABACIONES

Discos y casetes

La buena música en discos o casetes se puede usar con eficacia para enseñar apreciación por ella y demostrar la técnica y el equilibrio que se está procurando en el coro, en la orquesta, o en otros conjuntos musicales. Además, los alumnos deben familiarizarse con las obras maestras que son una parte de nuestra herencia cristiana. La adoración mediante la música ha sido, desde los tiempos más remotos, una parte vital de la comunión entre el hombre y Dios y, por lo tanto, no debe descuidarse en la educación cristiana.

Grabación en casetes

Este método se utiliza para captar y reproducir los ensayos del alumno. Así aprende a analizar sus propios defectos, sea en la música, la homilética, la composición oral, el testimonio para el programa radial, o al enseñar una clase en la Escuela Dominical. Las grabaciones sirven también para llevar al público, en radiodifusiones o cultos especiales de la iglesia, los números especiales presentados por el coro de adultos o el coro de niños.

PREGUNTAS Y ACTIVIDADES

1. ¿Qué es el método expositivo?

2. ¿Cuáles son sus ventajas y desventajas?

3. ¿Cómo se puede usar con buenos resultados?

4. ¿Cuáles son algunas de las ventajas del método narrativo?

5. ¿Por qué apelamos a los sentimientos del alumno?

6. Cite un caso del uso del método narrativo por el Señor Jesús.

7. Escoja una historia, prepárela paso a paso como se indica en este libro *(inclusive el ensayarla ante el espejo)* y relátela ante la clase. Indique para alumnos de qué edad la ha preparado.

8. Indique varias ocasiones en las cuales vendría bien el tocar grabaciones musicales como "Aleluya", "El Mesías" o un solo de órgano.

9. ¿Por qué sería de valor especial una grabadora en un instituto bíblico?

10. Grabe un trozo de conversación o lectura por los alumnos de la clase. Tóquelo y analice las maneras de mejorar la lectura y el timbre de la voz.

11. ¿Por qué cree que el maestro de la Escuela Dominical debe procurar mejorar el timbre y el tono de su voz?

IV

El alumno habla

Se recuerda el 90% de lo que se habla.

Capítulo 11

LA PARTICIPACIÓN ORAL
DEL ALUMNO

Seguramente ha oído hablar del niño que llegó a la casa después de la clase, diciendo: "Hoy no aprendí nada; el maestro habló todo el tiempo." Para que el alumno recuerde un máximo de la lección, necesita participar de una u otra manera. Sobre eso trataremos en este capítulo.

LA IMPORTANCIA DE LA PARTICIPACIÓN

¿Por qué decimos que para lograr una buena enseñanza hay que usar menos la boca del maestro y más la del alumno? ¿Será tan importante que el alumno tome parte en la presentación de la lección? ¿Qué valor tienen sus respuestas y comentarios?

Valor para el alumno mismo

Resulta más interesante la lección. El simple cambio de voz da nuevo interés. Muchas veces el comentario de un alumno presenta una verdad preciosa que el mismo maestro no había observado en el texto que estudian.

Contribuye a una mejor atención. Al saber que en cualquier momento puede ser llamado para contestar una pregunta o dar un comentario, el alumno presta mejor atención. Algunos maestros tienen tanto que decir que no hay tiempo para que los alumnos tomen parte; pero ¿de qué sirve que hablen tanto si los alumnos no están prestando atención?

Aclara la verdad en su mente. En "Las siete leyes de la enseñanza" dice: "El discípulo ha de reproducir en su mente la verdad que ha de aprender. Anímese a los alumnos a que aclaren y refresquen sus conocimientos mediante una clara exposición de ellos."

Desarrolla la mente. El ejercicio fortalece la memoria y le enseña a ser pensador.

Le enseña a ser investigador. Su parte en la presentación le enseña a buscar la evidencia, saber la razón de las cosas: qué es lo que cree y porqué lo cree. Sabrá dar razón de la esperanza que tiene dentro de sí, y será un creyente más firme que el que acepta todo sólo "porque el maestro lo dijo".

Desarrolla su percepción espiritual. El que tiene que explicar en clase el significado espiritual de un texto aprende a buscar el significado en su lectura bíblica devocional y halla con más facilidad el mensaje especial que la Palabra de Dios encierra para él.

Le enseña a aplicar a sus problemas las verdades aprendidas. No tendrá a su lado en todo momento al maestro de la Escuela Dominical para aconsejarle; pero si ha aprendido a encontrar la solución para sus problemas en la Biblia y ha sido guiado a un conocimiento personal del Salvador, no le faltará la presencia del Maestro Divino para encaminarle. La prueba final de la enseñanza está en cómo afecta la vida del discípulo. Recuerde que es natural (y especialmente en los adolescentes) que se deteste el sermonear. Cada uno quiere formar sus propias conclusiones y seguirlas. En lugar de reprimir esta tendencia hay que guiar a los alumnos en su búsqueda de la verdad.

Por ejemplo, un maestro dice: "No está bien que un cristiano se case con un inconverso." Otro maestro pregunta la opinión de la clase sobre tal unión, dirigiéndoles a considerar los intereses desiguales, la espiritualidad o falta de ella en el hogar, la dirección espiritual de los hijos, y la falta de constancia en muchos casos. Luego les hace buscar en la Biblia lo que Dios dice al respecto. ¿Cuáles alumnos estarán más dispuestos a obedecer el mandato divino? ¿Los de la primera clase o los de la segunda?

Hace más amistoso el ambiente de la clase. El intercambio de ideas hace que los alumnos se conozcan mejor. El maestro toma su lugar entre ellos como un investigador y no se porta como un sabelotodo impaciente por toda interrupción. Los alumnos le toman más cariño y respetan más sus consejos.

Combate el recelo. Los tímidos van venciendo su miedo y aprenden a expresarse con más libertad.

Prepara al cristiano para el servicio del Señor. El alumno se acostumbra a expresarse en forma lógica y ordenada y a explicar el significado de los textos bíblicos. Le es más fácil dar su testimonio, enseñar una clase o dirigir una reunión, debido a que ha participado en comentarios e intercambios de ideas en la clase de la Escuela Dominical. El noventa y cinco por ciento de los pastores y misioneros vienen de la Escuela Dominical.

Valor para el maestro

Llega a conocer mejor a sus alumnos. Cuando los alumnos toman parte en la presentación, el maestro se entera de sus opiniones. Eso le sirve para adaptar la enseñanza a las necesidades de ellos.

Observa sus intereses, conocimientos y problemas. Como ya se dijo, así puede adaptar la enseñanza para cubrir cada campo de necesidad.

Sabe así si el alumno entiende o no lo explicado. Cuando les permite a los alumnos hacer comentarios y preguntas, el maestro puede aclarar los puntos que necesitan mejor explicación.

Descubre las impresiones erróneas y las puede corregir. Un alumno preguntó si José, preso en Egipto, era el esposo de la virgen María. Otro creía que María, la hermana de Moisés, era la madre de Jesús. Sin la oportunidad de hacer preguntas, los alumnos se hubieran quedado con esas ideas erróneas.

MÉTODOS PARA LA PARTICIPACIÓN

¿Cómo se consigue que el alumno hable? Algunos son tan tímidos que les asusta el sonido de su propia voz. A los tales, no les pida de pronto que desarrollen un tema. Vaya preparando el ambiente y a los alumnos poco a poco.

La lectura

Lectura del pasaje bíblico de la lección. En muchas escuelas dominicales el superintendente o director lee un versículo y la congregación lee el próximo. Podrían variarlo alternando entre varones y mujeres, o entre niños y adultos. Una persona designada con anticipación podría leer todo el pasaje de la lección. Pueden leerlo todos juntos, o una clase puede leerlo. También pueden leerlo por turnos, sea por clases o por personas que el superintendente nombre. Si el pasaje de la lección se lee en la clase el maestro puede adaptar estas sugerencias.

Lectura de los textos. El maestro puede asignar a los alumnos los textos que han de leer, dándoles a los alumnos nuevos los más fáciles de encontrar y ayudándoles si es necesario. Es importante que vean por sí mismos lo que dice la Biblia y vayan familiarizándose con ella. Cuando se van a leer buen número de textos, asígnelos todos a la vez para que los alumnos puedan buscarlos sin demora y tenerlos listos para leer en el momento oportuno en el desarrollo de la lección.

Cuando los alumnos conocen la Biblia se puede dar la referencia diciendo: "El primero que lo encuentre, léalo." Estos ejercicios en el uso de nuestra "espada", haciéndoles buscar así un buen número de textos, adiestran a los alumnos en el uso de la Biblia y los familiarizan con textos importantes. Imagínese el entusiasmo de los muchachos de nueve a doce años de edad cuando el maestro hace uso de nuestra arma espiritual y tiene un ejercicio de fusil. Les dice: "¡Firmes!", y todos se paran derechos con la Biblia entre manos delante de sí. Luego les dice: "¡Apunten!", y da la referencia. Todavía no abren la Biblia, pero piensan en dónde se encuentra el libro mencionado. A la orden de "¡Fuego!" empiezan a buscar el texto. El primero que lo encuentra lo lee.

El apuntar en papelitos los textos que se van a usar en el desarrollo de la lección y repartirlos de un domingo para otro ayuda a los alumnos a sentir su responsabilidad de estar presentes.

Trabajos de memorización

Como con la lectura de la lección, se puede repetir el versículo para memorizar todos juntos, por turno, o un alumno en representación de la clase. Cuando están aprendiéndolo en una clase de niños el maestro puede decir unas palabras y los alumnos terminar la frase. Por ejemplo:

(MAESTRO) Porque de tal manera amó Dios *(ALUMNOS)* al mundo, *(MAESTRO)* que ha dado *(ALUMNOS)* a su Hijo unigénito . . .

Respuestas a preguntas que el maestro hace

Las preguntas pueden hacerse durante el desarrollo de la

lección y también al final a manera de repaso. Un concurso entre dos equipos sobre la materia ya estudiada es de sumo interés.

Algunas de las notas a continuación han sido adaptadas de "Enseñando con éxito" por Myer Pearlman.

1. *Evite preguntas que pueden contestarse con un simple sí o no.* No hacen pensar al alumno y su respuesta será asunto de conjetura.

2. *Haga una sola pregunta a la vez.* Esto es importante para no confundir a los alumnos.

3. *Evite preguntas que pueden tener doble significado.* Un maestro preguntó: "¿Qué tenemos que hacer antes de ser perdonados?", y un niño contestó: "Tenemos que pecar." Mejor hubiera preguntado: "Cuando hemos pecado, ¿qué tenemos que hacer para ser perdonados?"

4. *Las preguntas deben ser claras.* Por ejemplo: "¿Qué hacían los israelitas en Egipto?" Trabajaban como esclavos, hacían ladrillos, se multiplicaban. ¿A qué se refería el maestro al hacer esa pregunta?

5. *Evite las preguntas que sugieren su propia respuesta.* Por ejemplo: "¿Quién es la luz de la ciudad celestial?" Pregunte más bien: "¿Qué clase de alumbrado tiene la ciudad celestial?"

6. *No muestre favoritismo.* Dé oportunidad de que todos tomen parte.

7. *Haga las preguntas según la capacidad de los alumnos.* A los nuevos y a los menos capacitados dirija las preguntas más fáciles. El poder contestarlas les da una satisfacción y les inspira más confianza.

8. *Dirija la pregunta a todos.* Es bueno dirigir la pregunta a todos para que vayan pensando en la respuesta antes de que se nombre a la persona que ha de contestarla.

9. *Haga preguntas cortas.* Las preguntas largas resultan demasiado complicadas.

10. *No pregunte sobre detalles de poca importancia.* Tampoco pregunte sobre cosas que desvían los pensamientos del tema principal de la lección. Una pregunta pone énfasis en el asunto al cual se refiere.

11. *No corrija bruscamente una respuesta equivocada.* Si una parte de la respuesta es correcta, reconózcalo antes de

corregir la parte errónea, procurando siempre no avergonzar al alumno.

12. *Es bueno hacer una lista de preguntas al preparar la lección.* Cierto superintendente de una Escuela Dominical prepara una lista y reparte copias a los maestros para su uso en el repaso de la lección.

13. *Se pueden repartir preguntas de antemano.* Anote preguntas sobre la lección para la próxima clase, preguntas que se han de contestar durante la exposición del tema.

14. *Aprenda las palabras clave.* En su estudio de la lección le ayudarán las palabras:

> ¿Qué?
> ¿Quién?
> ¿Dónde?
> ¿Cuándo?
> ¿Cómo?
> ¿Por qué?

Cada una sugiere preguntas relacionadas y textos donde hallar las respuestas. Por ejemplo:

> El infierno
> ¿Quién va allá?
> ¿Dónde está?
> ¿Qué es?
> ¿Cómo sabemos que existe?
> ¿Cómo se encuentran los que están allá?
> ¿Cuándo recibirá el pecador su castigo?
> ¿Por qué fue el rico al infierno?
> ¿Por qué va allá la gente de hoy?

Hay muchas lecciones que se prestan para esta clase de estudio y es excelente para adolescentes, jóvenes y adultos. Si gusta, antes de la clase se pueden escribir las preguntas en la pizarra para llevar a cabo juntos una investigación del asunto.

Preguntas que el alumno hace

El preguntar es uno de los medios más naturales de aprender, como dice el refrán: "El que tiene boca llega a Roma." El maestro debe alegrarse al ver el interés del alumno y no considerar una pregunta como una interrupción. Aun si la pregunta no es sobre la lección misma, sino sobre un problema que se ha presentado, si es posible, tómese tiempo para hallar la solución. En ese momento puede ser de aun más importancia que la lección del día. Si no sabe la respuesta, reconózcalo y tome nota de la pregunta para poder tratar de ella en la próxima clase.

No sea como la maestra que no sabía que las casas orientales tenían techos sin declive. Un niño le preguntó cómo era que Pedro no se caía cuando subió al techo para orar. Ella contestó: "Eso no te toca a ti saberlo; Dios podía cuidarle para que no se cayera."

Comentarios de parte del alumno

Algunos maestros piden que los alumnos lean la lección por turno y que cada uno explique el versículo que acaba de leer, luego cualquier otro alumno puede agregar su comentario. El maestro ayuda y dirige los comentarios, ya sea añadiendo una palabra o haciendo una pregunta para estimular el debate. Este método les estimula a preparar la lección de antemano, cosa que es muy necesaria si se desea sacar el mayor beneficio de la clase.

A veces el maestro da la exposición de la lección, dándoles a los alumnos oportunidad a cada paso de comentar sobre cualquier punto; pero así no se sienten tan libres para hablar y, por lo general, el maestro dice lo que ellos querían decir y ocupa casi todo el tiempo.

Otros maestros toman casi todo el tiempo, luego preguntan: "¿Tiene alguien un pensamiento sobre la lección?" Quizá todos hayan tenido pensamientos preciosos que querían compartir con otros durante el desarrollo de la lección; pero ya pasó el momento oportuno. Hay una pausa y el maestro dice: "Bueno, si no hay ningún comentario, digamos otra vez el texto para memorizar", y no sabe por qué su clase nunca quiere contribuir nada a la lección.

Narración de la lección

Los alumnos pueden narrar la lección anterior en vía de repaso, o la del mismo día.

Desarrollo de temas

Se pueden asignar a varios alumnos diferentes aspectos o partes de la lección. Si la lección trata del valor, el maestro podríaasignarinformessobreDanielysusamigos,Ester, Débora, Gedeón, u otros, procurando que todos indiquen cuál fue la prueba, la reacción y el resultado. Esto tiene algo de narración y algo de comentario, da oportunidad a los alumnos de prepararse y es muy interesante tal presentación de la lección.

El debate

Los que toman parte deben prepararse con bastante anticipación. Es parecido al método de temas desarrollados y su éxito depende del ambiente en que se lleva a cabo. Hay dos clases de debates que serían provechosos en las clases juveniles:

Doctrinales. Para aprender a contestar a nuestros adversarios. Por ejemplo:

➤ La Biblia frente a la evolución

➤ La oración a los santos frente a la oración a Dios

➤ La confesión al sacerdote frente a la confesión a Dios

Hay que tener la precaución de poner a estudiar las doctrinas falsas sólo a un cristiano firme que no se deje llevar por cualquier argumento.

Temas de actualidad. Para mostrar la importancia de distintos aspectos de la obra del Señor. Por ejemplo, ¿cuál es más importante?

➤ ¿La literatura evangélica o la prédica?

➤ ¿La fe o las obras?

➤ ¿La obra misionera o la edificación de la iglesia local?

Verán que cada aspecto de la vida y la obra del cristiano tiene su lugar. Por supuesto, la Biblia es la autoridad a que acuden en todos sus comentarios, debates e intercambios de ideas.

Mesa redonda

Se asigna a un grupo de unos cuatro o cinco alumnos el desarrollo de un tema. Se sientan en una mesa delante de la clase e intercambian ideas sobre los distintos aspectos del tema. Este método se presta para temas doctrinales. Es de especial valor en la aplicación de las verdades bíblicas a los problemas reales de la vida. Por ejemplo: "¿Cuál debe ser la actitud del cristiano frente a la Nueva Era?"

Enseñanza de la lección

A veces el maestro solicita con anticipación a un alumno que prepare y presente la lección. De esa manera, el alumno va adquiriendo experiencia y es sorprendente cómo los compañeros cooperan con comentarios para ayudar al nuevo "maestro".

REGLAS PARA OBSERVAR

1. *Procure que todos tomen parte.* Haga lo posible por animar a los más tímidos a participar.

2. *No permita que uno o dos monopolicen el tiempo.* Se corre el peligro que los más intrépidos sean los únicos que participen con comentarios; por eso es de suma importancia seguir la sugerencia anterior.

3. *Evítense las discusiones acaloradas.* Cuando hay debate, esas discusiones sólo resultan en disgustos. Si hay diferencia de opiniones, guíe siempre a los alumnos hacia el veredicto de la Palabra.

4. *Enseñe a sus alumnos a ser tolerantes y no dogmáticos.* Hágales ver que hay muchas cosas en la Biblia que se interpretan de distintas maneras y no sabremos a ciencia cierta hasta que lleguemos al cielo cuál es la interpretación correcta de algunos pasajes.

5. *No permita que ocupen mucho tiempo hablando de cosas de poca importancia.* Cada minuto de la Escuela Dominical es precioso y debe usarse con prudencia.

6. *No espere hasta el fin de la clase antes de pedir comentarios.* Como ya vimos, eso desanima a algunos alumnos.

7. *Permita que los niñitos le interrumpan con sus "comentarios".* Pero pida la sabiduría de Dios para poder relacionarlos con la lección.

PREGUNTAS Y ACTIVIDADES

1. Mencione cinco maneras en que la participación en la lección le ayuda al alumno.

2. Mencione tres maneras en que la participación del alumno le ayuda al maestro.

3. ¿Cómo se puede variar la manera de dar lectura al pasaje bíblico de la lección?

4. Prepare un ejercicio de "fusil".

5. ¿Cuáles son algunos errores que hay que evitar en el uso de las preguntas?

6. Escoja una lección bíblica y escriba una lista de preguntas para el desarrollo de la lección. ¿Para alumnos de qué edad la ha preparado?

7. Escoja una lección bíblica y prepare papelitos asignando la parte que cada alumno debe desarrollar en la presentación de la lección.

8. Escoja una lección que se preste para presentar en forma de debate.

9. Haga una lista de cinco temas que sean adecuados para tratar en mesa redonda.

10. Organice una mesa redonda para tratar en diez minutos el tema "La importancia y los métodos de participación oral del alumno".

V

El alumno hace

Se recuerda el 80% de lo que se hace.

Capítulo 12

LA PARTICIPACIÓN ACTIVA
DEL ALUMNO

Lo que se hace se graba más en la mente que lo que se oye o se ve. Aprendemos por lo que hacemos, y eso debemos tenerlo presente en nuestra enseñanza. ¿Cómo conseguiremos que el alumno participe manualmente en la lección? Para eso son los trabajos manuales relacionados con la lección, las dramatizaciones, los coros con mímicas, los trabajo en cuadernos, y tantas otras cosas.

Los párvulos y los principiantes son inquietos y no pueden concentrar su atención por mucho rato. Por eso, es indispensable la dirección de esa actividad en cosas útiles si queremos evitar problemas de disciplina y a la vez lograr una enseñanza agradable y más eficaz. No desperdicie esa inquietud y actividad de los alumnos; póngala a trabajar como medio de aprendizaje.

Ofrecemos a continuación sugerencias para distintas maneras en que el alumno puede *hacer* algo para beneficiarse mejor de la lección.

PARTICIPACIÓN EN LA LECCIÓN

Lecciones objetivas

Los que le ayudan a presentar una lección objetiva la recordarán mejor. En la clase de los niños pequeños permita que tomen los objetos en sus manos cuando sea práctico. Ellos, más que los mayores, aprenden mucho por el tacto.

Coros con mímicas

A veces, en pleno desarrollo de la lección, se hace preciso hacer un alto y dejarles cantar un coro con mímicas a los niñitos para que se estiren un poquito y se les despeje la mente. Después estarán más tranquilos y atentos. Sería bueno que tenga en su Biblia una lista de tales coros.

Marchas

Si la lección tiene tono militar, sea de las guerras de Israel o de David y Goliat, viene bien una marcha alrededor del aula. Por supuesto, eso es cuando la clase cuenta con su propio aula y no estorbará a otros. Tal marcha recalca la aplicación de la lección. Mientras marchan pueden cantar "Somos soldaditos" o un coro similar.

Memorización con mímicas

Igual que los coros, el trabajo de memorización resulta más fácil e interesante si es con mímicas, como este ejemplo:

He aquí,
  (Sombree los ojos con la mano después
  de explicar que "He aquí" quiere decir "¡Mira!".)
yo estoy a la puerta y llamo;
  (Finja que toca la puerta.)
si alguno oye mi voz
  (Ponga la mano detrás del oído como si escuchara.)
y abre la puerta
  (Finja que abre una puerta.)
entraré a él,
  (Dé dos pasos hacia adelante.)
y cenaré con él, y él conmigo.
  (Finja que está comiendo.)   Apocalipsis 3:20

Es fácil hallar mímicas para el Salmo 23 para enseñárselo a los niñitos. Desde *me guiará* hasta *mal alguno* pueden tomarse de la mano y caminar alrededor del aula.

Trabajos en la pizarra

Los alumnos pueden hacer apuntes, bosquejos, mapas, etcétera. Vea las sugerencias dadas en el capítulo que trata sobre el uso de la pizarra.

Trabajo en mapas

En los mapas, los alumnos pueden buscar lugares mencionados en la lección y trazar rutas de viajes. Pueden hacer mapas de relieve y también otros mapas.

Buscar textos y leerlos

Los alumnos no sólo pueden buscar textos bíblicos y leerlos sino también se les puede animar a subrayar los textos que consideren importantes. Al leer textos bíblicos hacen uso de varios sentidos: la vista *(al ver el texto)*; el oído *(al oír lo que leen)*; los labios *(al leer)*; el tacto *(al tener la Biblia en las manos)*.

REPASO DE LA LECCIÓN

En el franelógrafo

Los alumnos pueden dar un repaso de la lección del día o de la semana anterior, relatando la lección y colocando en el franelógrafo las figuras. Los pequeñuelos no se cansan de verlas y esperan su turno para hacer esto. No muestre favoritismo; si uno lo hace hoy, que otro lo haga la próxima vez.

En la mesa de arena

Con los muñequitos de palo varios niñitos pueden tomar parte a la vez. En el juego olvidan su timidez, toman más confianza y están más dispuestos a decirle, por ejemplo, por qué el niñito Moisés estaba escondido en el río, quién lo encontró, etcétera.

En la pizarra

Pueden volver a dibujar lo que vieron en la presentación de la lección o alguna cosa sobresaliente de la lección.

Dramatizaciones

La representación sencilla de las historias bíblicas las hace muy vívidas y reales para los pequeñuelos y es un medio poderoso de enseñanza. Tomemos como ejemplo la lección de la oveja perdida.

Después de estudiar la lección uno de los alumnos hace las veces de pastor, otro es la oveja perdida *(se esconde detrás de una silla)*. Los demás son las ovejas en el redil. El pastor busca la oveja perdida hasta que la encuentra y la lleva al redil.

Será importante que todos puedan tener su turno de ser el pastor o la oveja perdida. Así comprenderán mejor que Jesús es el buen pastor, y en media docena de patios durante la semana habrá niños jugando a la oveja perdida.

¿Olvidarán la lección? ¡Claro que no! Es importante recordar que la imaginación de los niñitos es tan fuerte que el juego se convierte en realidad. No lo vea como entretenimiento o una cosa muy graciosa; más bien, pida en oración que el Señor les ayude a "vivir" así las historias bíblicas.

Rompecabezas

Los rompecabezas deben estar basados en la lección o sobre lecciones pasadas. Pueden ser:

- ➤ crucigramas
- ➤ textos con palabras o letras salteadas
- ➤ llenar palabras en blanco en una historia
- ➤ hallar figuras escondidas en un cuadro
- ➤ acrósticos

Exámenes

Si sus alumnos son estudiosos en las clases de los intermedios, los adolescentes, los jóvenes y los adultos, se les podría tomar examen al fin del trimestre. Algunas escuelas dominicales usan un sistema de calificación para sus alumnos y les presentan una tarjeta de calificación cada tres meses.

RECUERDOS DE LA LECCIÓN

Deben estar relacionados con la lección

El trabajo manual en la Escuela Dominical o en la Escuela Bíblica Vacacional les encanta a los alumnos; pero como todo lo demás, no debe ser para simple entretenimiento. Aprovechemos su valor educativo.

Cualquier recuerdo debe relacionarse con la lección o con la verdad espiritual que se está enseñando. Puede ser la simple construcción de un objeto mencionado en la lección que el niño llevará a su casa como recuerdo de ella, puede ser un objeto simbólico o un trabajo en el cuaderno que grabará en su mente los puntos principales de la enseñanza recibida.

Ejemplos de recuerdos

- ➤ Los niños pueden dibujar el burrito en la lección de Balaam.
- ➤ En la lección acerca de David, pueden hacer un arpa de

papel grueso, con cuerdas de hilo. En el arpa pueden escribir: "Cantaré a Jehová", y pueden tocar el arpa mientras cantan un coro.

➤ En la lección acerca de Esaú pueden modelar con arcilla o tierra barrosa el plato de lentejas. La arcilla de modelar es muy útil en las clases de niños. En vez de que se lleven los objetos, déjelos en el aula para volver a usar la arcilla en otra lección.

Receta para arcilla artificial

> Una taza de harina de trigo
> Media taza de sal de mesa
> Una cucharadita de alumbre (sulfato) en polvo
> Unas gotas de colorante
> Agua o glicerina

Mezcle bien los ingredientes secos y agregue suficiente agua o glicerina para que tome la consistencia deseada para modelar objetos. Después de echarle el color deseado, amáselo bien para que el color sea parejo. La masa sale perfectamente bien con agua; pero cuando no está en uso hay que guardarla envuelta en un paño húmedo para que no forme una costra dura. Hecha con glicerina no se pone dura.

Sugerencias para trabajos manuales

Se puede escoger el trabajo para la clase según su experiencia, intereses y habilidad. Los niños nuevos no pueden hacer trabajos tan avanzados como los que ya tienen tiempo en el evangelio.

➤ *Formar objetos de arcilla.* Use la receta dada arriba o compre plastilina. La plastilina viene en una variedad de colores.

➤ *Recortar figuras de papel.* Puede ser un corazón, una cruz, muñequitos, una estrella, etcétera. Para hacer una

tira de muñequitos, doble una hoja a modo de acordeón y trace figuras como las de la ilustración. Recorte todo menos las partes de las manos; así quedarán unidos.

➤ *Recortar figuras dibujadas.* Usted puede dibujar las figuras y sacar fotocopias, o se pueden recortar figuras de revistas.

➤ *Pegar figuras en un cuadro.* Esto pueden hacer los chiquitines que todavía no pueden manejar las tijeras y el lápiz; usted les da las figuras y ellos las pegan. Los más grandecitos pueden hacer trabajos muy hermosos pegando figuras a modo de montajes.

➤ *Construcción con piedras.* Los niños pueden construir un altar, un corral para ovejas o un muro.

➤ *Construcción con papel.* Se pueden hacer casas, muebles, un templo, barquitos, y mucho más.

➤ *Trabajos en cartulina.* Vea el capítulo sobre el uso de la cartulina para algunas ideas.

➤ *Dibujos.* A los niños les encanta hacer dibujo libre, ilustrando algo que han estudiado. En algunos casos, usted puede preparar un patrón para que dibujen algo específico, como una flor, algún animal o una figura geométrica.

➤ *Pintar cuadros y textos.* Los intermedios

y los adolescentes pueden hacer hermosos cuadros de textos bíblicos. Para incentivarles, adorne el aula u otros salones de la iglesia con los cuadros que ellos preparen.

➤ *Animales de papas.* Con unas tajadas de papas crudas y unos escarbadientes se pueden hacer diferentes animales.

➤ *Dibujos gráficos o diagramas.* Al estudiar sobre el tabernáculo, los alumnos pueden hacer un dibujo como el que se ve en la página anterior.

➤ *Rompecabezas bíblicos.* Véanse las sugerencias dadas en la sección anterior de este capítulo.

➤ *Llevar un cuaderno con apuntes.* Desde los alumnos intermedios hasta los adultos pueden llevar un cuaderno de anotaciones que incluya bosquejos, mapas, dibujos, y otros.

➤ *Hacer juntos un mapa grande.* En el capítulo sobre el uso de los mapas, se sugiere que los alumnos hagan un mapa de relieve. Este puede ser un proyecto muy interesante para los adolescentes y los jóvenes.

➤ *Concurso de mapas pictóricos.* Véase la explicación sobre estos mapas en la página 68. Este puede ser un concurso muy interesante para los intermedios.

➤ *Construcción del modelo del tabernáculo.* Este es un proyecto que va a requerir un poco de tiempo y estudio; pero es algo en lo cual todos pueden participar. Asigne a diferentes alumnos para que preparen las partes del tabernáculo, luego ármenlo sobre una tabla de madera rectangular.

➤ *Preparar las ayudas visuales.* Los alumnos mayorcitos pueden ayudar a preparar las ayudas visuales y también los trabajos manuales para los pequeñuelos.

➤ *Preparar lecciones ilustradas.* Los alumnos que tienen habilidad artística pueden ayudar a preparar lecciones ilustradas para el uso de la Escuela Dominical. Algunos de esos trabajos deben hacerse fuera de la hora de clase o en una reunión especial de la juventud.

REGLAS PARA OBSERVAR

1. *Escoja con tiempo el trabajo manual.* Esto es indispensable para poder conseguir el material y hacer los preparativos necesarios.

2. *Revise bien sus materiales.* Vea si tiene todo lo necesario antes de empezar la clase.

3. *No permita que el trabajo manual le lleve demasiado tiempo.* Señale una hora fija para realizarlo y trate de terminarlo a tiempo.

4. *Tenga un ayudante.* Especialmente en la clase de los niños pequeños, si son muchos, hay que tener un ayudante, tanto para preparar el material como para la dirección de los alumnos en su trabajo.

5. *Siempre tenga preparada una muestra del trabajo.* Si no prepara una muestra, ¿cómo podrá dar correctamente las instrucciones?

6. *Escoja el trabajo según la edad y la habilidad de los alumnos.* En muchos casos, se puede adaptar el trabajo manual.

7. *Nunca haga todo el trabajo para el niño.* Un trabajo mal hecho que él mismo hace le da mucha más satisfacción que el trabajo bien hecho que usted le hace. Si se trata de recortar algo y el alumno no sabe manejar la tijera, tómele la mano y ayúdele. Si el trabajo manual es tan difícil que usted mismo tiene que hacerlo todo, es prueba que no lo ha sabido adaptar según la capacidad de los alumnos.

8. *Cuide los lápices de color y otros materiales para que le duren.* Cada vez se puede nombrar a uno de los niños mayores para que recoja y entregue el material al fin de la hora de clase.

9. *Procure tener suficientes tijeras, lápices y creyones para que todos puedan trabajar a la vez.* Muchos de los niños pueden traer sus propios materiales.

10. *A veces se puede ahorrar tiempo dirigiendo a todo el grupo juntos paso a paso.* Por ejemplo, para recortar una cruz se reparten los papeles y las tijeras; entonces todos miran al maestro, quien da las instrucciones:

a. Doblen el papel a lo largo.

b. Doblen la parte superior hacia abajo hasta la mitad del papel.

c. Corten de afuera hacia adentro un poco más abajo de donde está doblado el papel, como hasta la mitad.

d. Corten ahora desde allí hacia abajo.

e. Abran el papel y tendrán una cruz.

Este método es mucho más rápido que ayudar a cada uno personalmente. *(En la ilustración se indica cómo cortar una*

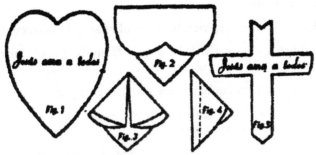

cruz de un corazón.)

11. ***Procure que los jóvenes y los adultos "hagan" algo en la lección.*** En esas clases no hace falta llamarlo trabajo manual.

12. ***No avergüence a nadie.*** Si hay en la clase personas que no saben leer procure no abochornarlas delante de los demás.

13. ***Divida la clase.*** Para mayor facilidad en el trabajo manual, a veces es práctico dividir las clases no sólo según la edad de los niños sino también por el hecho de si saben leer y escribir o no.

14. ***Procure que el trabajo manual sea sencillo.*** Mejor es hacer un trabajo sencillo y terminarlo que dejar un trabajo complicado a medio terminar.

15. ***Asigne trabajos para el hogar.*** Algunos maestros asignan trabajo en los cuadernos, el que se hace durante la semana. Luego los alumnos traen los cuadernos para ser calificados. Generalmente, los materiales de enseñanza publicados por diferentes editoriales tienen actividades relacionadas con la lección.

PREGUNTAS Y ACTIVIDADES

1. Puesto que es tan limitado el tiempo que tenemos para enseñar la lección, ¿qué opina usted sobre el tomar tiempo para trabajos manuales?

2. Mencione cinco actividades en que pueden participar los alumnos durante el desarrollo de la lección.

3. ¿Cómo se puede combatir la intranquilidad en una clase de pequeñuelos?

4. Mencione cinco actividades para el repaso de la lección.

5. Prepare arcilla artificial según la fórmula dada y forme un objeto para ilustrar una lección.

6. Recorte de papel doblado una cruz, un corazón y muñequitos.

7. Si se pudiera tener trabajo manual sólo en una clase, ¿en cuál sería más importante tenerlo?

8. Escoja cinco lecciones bíblicas y diga qué trabajo manual se podría usar con cada lección. ¿Para alumnos de qué edad? Prepare las muestras.

NOTAS

_____

_____

_____

_____

_____

_____

Capítulo 13

LOS MATERIALES

Un maestro diestro en la Palabra y conocedor de los mejores métodos de enseñanza pero que no tiene materiales, es un maestro "pobre". Veamos ahora algunos materiales útiles y necesarios para la enseñanza.

EL MOBILIARIO

Sillas y mesas pequeñas

Si es posible conseguir o hacer sillas pequeñas del tamaño apropiado para párvulos y principiantes, ellos estarán más cómodos y no tan inquietos. Si se pintan las sillas será más atractiva el aula.

Una mesa fuerte y bajita en medio de los niños es muy útil para el trabajo manual. Gavetas para útiles serán una bendición para el maestro.

La pizarra

Toda aula debe tener, si es posible, una pizarra. Hay un hule negro especial para pizarrones que es bueno y durable. El hule ordinario no da buenos resultados. Se pega con cola sobre un tablero, cuidando de evitar arrugas. El hule no debe doblarse ni estar enrollado mucho tiempo porque el calor lo echará a perder. Si prefiere una pizarra pintada, use madera lisa sin nudos, o un cartón grueso.

Hay pinturas especiales para pizarras; pero cualquier pintura negra sin brillo puede servir. El esmalte no sirve. Se puede preparar una pintura a base de humo de pez (humo negro) y agua de cola. Cuando la pizarra pintada se ha secado bien después de la última mano, pásele una tiza, de costado no de punta, por toda la superficie y luego bórrelo. Repítase el proceso para que el polvo de la tiza penetre en todos los poros de la madera y será más fácil borrar lo que se escribe en la pizarra. Cúbrase el dorso de la pizarra con franela para tener un franelógrafo.

El franelógrafo

Para usar ante toda la Escuela Dominical es más práctico un tablero grande y figuras grandes. Para llevar de un lugar a otro puede ser más pequeño y hecho de cartón. Para hacerlo en forma plegadiza, varias aplicaciones de papel engomado y la misma franela hacen las veces de bisagras. Puede hacerse de un tamaño que quepa en un maletín o una maleta. Un sobre grande hecho de papel protegerá el franelógrafo y las cosas que están empacadas con él.

Como hay tableros grandes de un metro, también los hay chiquitos que abiertos miden unos veinticinco centímetros. Una variación muy

interesante de este tipo es una bolsa de mujer hecha de tela. Cerrada parece una simple cartera, pero al abrirse se ve que es un tablerito de franela y en la parte de afuera la bolsa sirve para llevar las figuras que uno quiere usar.

Los tableritos son prácticos para ciertas lecciones; pero para muchas otras hace falta un tablero más grande. Si el que viaja a lomo de mula, a caballo o a pie lleva solamente la franela, casi siempre encontrará algo en que tenderla en el lugar a que se dirige. En último caso, dos ayudantes pueden sostenerla. También la tapa de una maleta abierta hace un buen franelógrafo.

Un metro por sesenta y cinco centímetros (tres por dos pies) es un buen tamaño para el tablero. Cúbralo de franela de color liso, algo oscuro para que no se ensucie. Estírela bien para que no se arrugue y sujétela en la orilla con tachuelas. Si es de cartón, un marco de madera evitará que se cuartee o que se rompan las esquinas.

Caballete o atril

El tablero puede colocarse en una mesa, sobre una silla, o en las faldas del maestro; pero es más cómodo usar un caballete, o atril, hecho de tres patas juntas en un extremo con un tornillo. Para que sea portátil, use bisagras en las patas para que éstas se doblen. Un travesaño movible se hace de dos listones de madera unidos en el centro con un tornillo; un listón va a cada lado de las patas delanteras y se ajustan para sostener el franelógrafo al nivel de la vista de los alumnos. Uno de los listones puede ser suficiente ancho para colocar en él la tiza y el borrador. Si se quiere agregar una repisita servirá de lugar para colocar las figuras mientras acomode los cuadros.

Mesa de arena

La mesa de arena puede hacerse de cualquier caja que se encuentre. Un buen tamaño es de 75x75 centímetros y 18 centímetros de profundidad. Puede ser de cartón, aunque de madera es mejor. Para una caja de madera se puede usar una tapa con bisagras forrada adentro con franela azul que le sirva de cielo. Cerrada provee lugar para hacer el trabajo manual. Algunos maestros usan candado para evitar que manitas investigadoras echen arena en el suelo o desarrollen una lección fuera de tiempo.

EL ARREGLO DEL AULA

Los alumnos deben sentarse en semicírculo para que todos vean bien, estén a la vista del maestro y reciban igual atención, haciendo desaparecer así el problema de los alumnos desatentos en el último banco. Un banco puede ponerse frente a otro en forma de una V, o tres bancos se colocan para formar una U. Esto es de mucha ayuda si hay más de una clase en el mismo aula. Mamparas o cortinas son muy prácticas en tal caso.

Se distraerán menos los alumnos y aprovecharán mejor la lección si dan cara a la pared y no a una puerta o ventana, o a otra clase. Las clases que tienen que mirar hacia la luz no pueden distinguir bien las figuras que el maestro les enseña. ¿Para qué ilustrar la lección si los alumnos no la pueden ver?

MATERIAL ILUSTRATIVO

Recomendamos que visite la librería evangélica más cercana para ver qué material tiene. Están saliendo continuamente nuevas ayudas visuales. Si es posible, pida el catálogo de la librería.

Lecciones ilustradas

Algunas editoriales evangélicas ofrecen lecciones visuales en colores. Vienen con su manual de instrucciones. Hay también cuentos, historias y mensajes ilustrados con figuras grandes para presentar ante toda la Escuela Dominical o en algún culto.

Lecciones preparadas en casa

Con un poco de imaginación, trabajo y paciencia el maestro puede preparar a muy poco costo lindas lecciones ilustradas, textos visuales, cuentos, carteles, y mucho más. Por lo general, los amigos le regalarán gustosamente revistas que ya no necesitan, de las cuales pude recortar todas las figuras que le podrían servir para algo algún día. Calendarios bíblicos, figuras de lecciones pasados, catálogos y libros viejos son otras fuentes de material.

Para ilustrar un cuento sobre un pollito conseguimos unos folletos de una casa de avicultura. Carteles políticos fueron reunidos después de las elecciones y usados para tableros y fondos para series de cuadros. Hay que hacer uso de lo que se tenga a mano.

Para cada lección que quiere preparar haga una lista de las figuras que desea y búsquelas. Posiblemente no halle exactamente lo que busca; pero puede ilustrar la historia con más figuras, o menos, según las que encuentre.

Si trabaja junto con otros maestros para preparar varias lecciones a la vez habrá más ánimo, y entre todos habrá también mayor variedad de láminas y figuras reunidas. Unos pueden recortar mientras otros preparan los fondos y pegan las figuras.

La persona que sabe dibujar puede acomodar algunas figuras y dibujar otras.

El cuidado de las lecciones

Sobres gruesos y grandes, para que no tengan que doblarse las figuras, las conservan en buen estado. Cada lección debe estar en su propio sobre. Los sobre pueden hacerse de papel de envolver y deben llevar el nombre de la lección y el del dueño. Si es cuento o mensaje, una copia de cuando menos los puntos principales debe acompañar las figuras. Juntamente con las lecciones objetivas guarde las indicaciones escritas para su presentación.

Es importante tener un lugar para guardar los materiales. Un armario con gavetas sirve muy bien para conservar todo en orden: escenas para franelógrafo en una gaveta, lecciones objetivas en otra, y así por el estilo.

Biblioteca de materiales

Una biblioteca de lecciones ilustradas es de inestimable valor en cualquier iglesia, sobre todo si se cuenta con escuelas de barrio o avances misioneros. Se guardan las lecciones, cada una en su sobre, en gavetas o cajas según su clasificación: Antiguo Testamento, Nuevo Testamento, textos ilustrados, cuentos, mensajes ilustrados, etcétera. Si se permite que los maestros mismos saquen las lecciones, no dejen de usar una libreta que firmen, dando el nombre de la lección y la fecha en que se ha sacado y cuándo se ha devuelto; de otra manera se extraviarán las lecciones. Si gustan, pueden anotar en el sobre el lugar donde se usa y la fecha. Eso es bueno para evitar la repetición cuando una biblioteca sirve a varias escuelas visitadas por distintos obreros.

Varias iglesias pueden cooperar para tener una biblioteca, cada una contribuyendo con las lecciones que puede. Tal cooperación pone al alcance de todos un surtido de lecciones que serían demasiado costosas para una sola iglesia pequeña. Para las escuelas vacacionales, si las iglesias vecinas cooperan, pueden usar el mismo material ilustrativo.

Si se conservan todas las figuras para ilustrar las lecciones de la Escuela Dominical juntamente con el manual correspondiente para el maestro, pueden servir de nuevo para otra escuela.

PREGUNTAS Y ACTIVIDADES

1. Dibuje aproximadamente el plano de su iglesia mostrando el arreglo de las clases en la Escuela Dominical. Si ve maneras de mejorar el arreglo, indique cuáles son.

2. Prepare un franelógrafo.

3. Mencione unas fuentes de material para lecciones que se quiere ilustrar.

4. Vea la posibilidad de tener una biblioteca de lecciones ilustradas y la forma más práctica de organizarla.

5. ¿De qué manera se deben emplear las sugerencias dadas en este libro?

NOTAS

_____

_____

_____

_____

_____

_____

_____

_____

PALABRAS FINALES

La preparación semanal de la lección y las ayudas visuales, el trabajo de visitación, los interminables trabajos manuales que hay que alistar para los pequeñuelos, las largas caminatas cuando duelen los pies, el esperar horas al sol o en la lluvia a un ómnibus viejo apiñado de gente y llegar todo estropeado sólo para encontrar a unos dos o tres alumnos presentes; todo eso cansa.

Uno se cansará mil veces *en* hacer bien, pero el asunto es no cansarse *de* hacer bien, porque a su tiempo segaremos si no hubiéremos desmayado. Maestro, no se canse, sabiendo que su trabajo en el Señor no es en vano.

Los entendidos resplandecerán como el resplandor del firmamento; y los que enseñan a justicia la multitud, como las estrellas a perpetua eternidad.

Daniel 12:3

Por tanto, id, y haced discípulos . . . Enseñándoles que guarden todas las cosas que os he mandado; y he aquí yo estoy con vosotros todos los días hasta el fin del mundo.

Mateo 28:19-20